MW00955904

100 KOREAN WORD SEARCH PUZZLE BOOK

FOR KOREAN LANGUAGE LEARNERS

This activity book is designed to help Korean language learners expand their practical vocabulary, widely used in the native country. This will help fulfill your intellectual curiosity as well as creating an open minded understanding of different cultures.

created in Korea
printed in the USA

100 Korean Word Search Puzzles
(76 word search puzzles + 24 fun mazes)

Promote Korean Language Skill with this Activity Book !
(Aimed for Upper Intermediate and Intermediate Level)

If you are looking to advance your Korean vocabulary, this activity book is for you. This book will provide you with the ability to find everyday practical words for you to learn and use, and also portray a lot of interesting information about local cultures.

All of the words in this book are commonly used in everyday life in Korea. Some of the words, (with a tiny star on the upper right end of the word*), might not be able to be found in the dictionary because they are relatively new and made-up words (or acronyms), which means you could surprise your native friends if you have some!

We sincerely believe that this book will be helpful for you to build up a great range of Korean vocabulary in various genres as well as providing you a lot of fun and satisfaction while solving the puzzles.
All the best with your Korean study!

PLEASE NOTE: If you are currently learning Hangeul, this book may be a little too challenging for you. However, it will guarantee you a great learning experience, as well as being helpful in supporting your language skills. Therefore, we recommend this book for your next learning material.

This book features:

- 72 WORD SEARCHES WITH PRACTICAL WORDS IN VARIOUS CATEGORIES

- 4 WORD SEARCH PUZZLES AND WRITING CHALLENGES COMBINED

- 24 FUN AND INFORMATIVE MAZES

- ANSWERS

Instructions:

The letters are in the grid and appear in a straight unbroken line.

The words can read forward, backward, up, down, across or diagonally.

Words can overlap or cross.

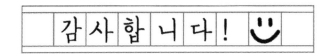

병원 HOSPITAL

정	주	소	갈	창	워	소	응	주	론	차	구	증	로
호	상	대	강	진	로	구	급	차	주	료	주	험	주
종	치	정	주	금	주	채	실	중	채	천	원	군	코
요	천	료	주	신	병	건	주	종	차	부	실	개	인
함	주	결	류	긍	호	험	성	웨	주	입	원	주	새
원	보	험	입	급	간	강	궁	손	검	증	성	의	세
언	번	건	주	호	후	증	원	상	투	주	절	헐	애
조	준	주	사	주	초	영	간	강	원	어	검	볼	증
응	주	의	주	강	죠	사	금	보	순	호	술	주	월
주	봉	용	겸	중	주	술	주	험	주	상	새	험	슈
갱	주	의	선	구	수	주	한	정	처	의	보	간	봉
간	주	제	주	입	강	사	견	규	건	강	검	진	입
검	실	쥬	변	구	실	증	급	표	건	주	혼	치	접
병	변	저	서	살	주	상	언	설	증	진	짓	강	상

주사	응급실
병실	구급차
건강검진	의사
수술	간호사
입원	건강보험
증상	치료

#2
한의원 KOREAN TRADITIONAL MEDICAL CLINIC

한	맥	주	용	물	주	멍	앤	섬	요	죽	준	적	채
종	지	영	환	초	사	구	액	총	주	어	주	앵	약
친	치	침	약	뚠	현	해	삼	성	한	확	인	삼	리
부	액	료	약	떨	나	소	인	샘	환	침	주	의	순
료	한	황	뚜	뜸	항	인	주	순	질	한	원	충	삼
이	약	초	주	떤	물	주	액	맥	순	주	의	주	위
추	항	한	할	혈	환	혈	주	물	주	비	주	사	변
질	삼	샘	맥	존	칠	추	멀	강	별	추	요	산	체
듬	제	항	진	맹	항	약	잇	떰	팀	나	액	부	주
한	범	설	진	채	주	맥	문	범	절	오	용	항	추
춘	맥	법	추	맹	물	리	치	료	초	법	욘	츄	나
진	정	주	체	힌	주	한	혈	첨	건	교	듬	난	요
삼	실	친	주	질	전	증	중	할	깨	추	활	주	법
한	래	범	선	제	삼	상	주	하	나	초	요	얄	번

침	혈액순환
부항	약초
한약	뜸
진맥	인삼
체질	추나요법
한의사	물리치료

#3
약국   PHARMACY

식	심	제	주	손	청	주	약	상	락	주	소	동	팡
주	염	순	열	간	슈	뱅	차	전	염	연	독	증	패
텅	치	수	싱	식	독	창	상	주	방	식	약	주	송
통	에	료	주	약	진	고	양	사	스	소	징	솔	손
영	처	퍼	전	파	반	주	약	급	구	입	원	방	가
패	고	젙	추	방	양	락	사	샤	주	벼	간	란	락
열	주	재	전	호	처	쵸	주	파	굽	뉴	랑	강	밴
가	규	조	공	주	골	드	실	강	급	통	솟	두	드
양	장	챙	주	고	랜	반	구	열	톨	주	반	드	레
주	소	주	창	방	주	술	중	영	처	진	락	둔	밴
락	앙	반	멸	스	수	통	톤	양	통	주	보	털	방
독	몀	본	찾	졸	파	갈	주	제	건	강	곰	진	공
제	정	증	상	주	석	증	식	주	건	약	현	역	술
중	조	제	실	밴	학	상	신	염	제	주	연	고	액

약사	반창고
처방전	구급약
연고	손가락밴드
파스	진통제
영양제	식염수
소독약	조제실

여름 SUMMER 1

원	위	텅	성	쟁	면	마	아	줄	야	냥	뭐	워	불
주	왜	더	냉	찐	통	구	장	대	해	마	명	쟁	장
짐	치	우	통	주	위	피	실	우	열	창	네	냉	중
통	친	장	쾌	찜	대	중	호	대	아	더	호	수	면
집	주	위	문	우	쾌	통	야	장	몽	입	푸	빙	병
중	수	준	접	팡	간	치	주	마	만	면	리	팥	주
호	홀	연	대	호	열	중	설	건	피	프	냉	친	프
우	중	장	사	다	대	프	리	카	주	장	내	앤	집
프	지	의	불	리	장	퍼	통	보	고	열	공	인	포
집	쾡	야	냉	린	데	술	열	아	칼	처	치	험	카
분	프	우	진	태	피	중	대	우	리	머	에	열	주
불	쾌	지	수	주	서	장	열	주	앙	강	열	치	이
붕	실	열	큐	찜	열	증	톳	캉	건	월	엽	우	집
수	불	핑	치	안	통	상	아	아	주	펄	주	카	호

피서

불쾌지수

장마

냉면

찜통더위

집중호우

아아 *

냉장고

대프리카 *

열대야

팥빙수

이열치열

여름 SUMMER 2

열	년	음	영	충	폭	염	위	풍	부	주	욕	파	선
포	탕	효	션	토	크	렬	므	차	체	션	주	풍	기
풍	치	음	해	함	덩	망	실	욕	오	거	기	주	더
주	슈	료	수	박	선	더	린	주	영	편	욕	무	풍
방	혜	쏘	욕	림	썬	키	델	누	터	입	기	웨	트
풍	열	림	장	쟁	간	주	위	더	무	원	당	터	음
썬	열	럼	모	호	트	웨	주	풍	년	데	펑	느	탕
음	엄	길	기	주	줄	주	에	강	썬	욕	컨	음	럼
얼	털	폼	투	부	섬	해	오	보	선	크	수	폭	탕
응	몸	장	박	주	삼	채	탱	험	컨	쎈	림	터	워
워	터	파	크	계	이	탕	컹	터	모	몽	워	욕	슈
원	주	얼	탕	썽	긴	애	버	부	폼	욕	폰	진	얼
박	실	염	썬	해	에	어	컨	채	건	터	은	샘	주
삼	개	줄	모	섬	춰	상	창	워	게	롤	메	미	컨

에어컨	모기
선풍기	썬크림
얼음	해수욕장
무더위	수박
삼계탕	부채
폭염	워터파크

겨울 WINTER 1

구	파	고	돗	릴	마	날	꽃	곰	맹	몽	목	묘	숭
군	주	주	징	꾜	온	샘	도	퍼	동	솔	도	오	련
말	치	삼	드	꽃	펼	고	실	면	온	돌	리	러	쏜
우	꽃	고	꾜	종	엄	핫	팩	까	햇	덧	령	두	초
츄	샘	섬	김	돌	업	팍	핸	꽃	처	옹	덜	하	팔
주	추	작	선	작	름	작	쌤	율	양	롬	주	족	한
워	위	셜	설	날	팟	만	름	건	한	유	퍼	제	파
주	김	제	사	궁	거	교	눈	김	전	업	수	패	면
킴	장	의	름	쿄	고	쿠	마	보	장	방	팡	설	명
낼	몸	주	목	균	우	드	설	추	라	균	고	힘	름
설	한	팽	찜	도	럼	셜	름	제	꼿	수	돌	주	살
찜	점	면	영	작	면	주	롬	명	면	강	검	진	쉬
질	실	주	질	파	절	망	주	양	건	작	방	처	돈
방	뱀	쨍	말	찜	말	상	말	샘	향	천	찐	샘	려

눈보라	목도리
한파	꽃샘추위
고드름	핫팩
온돌	수면양말
찜질방	제설작업
김장	설날

#7
겨울 WINTER 2

펠	정	패	전	집	슈	롱	마	홀	로	초	술	주	코
선	시	기	낙	스	쟁	구	억	차	음	실	한	지	핫
냄	장	콩	칼	키	홀	밤	실	주	낚	눈	바	초	매
판	스	료	장	장	고	주	구	최	싯	주	코	추	쨈
셜	눈	얼	열	덩	홈	료	지	종	나	퐁	원	장	폴
산	면	음	집	날	나	홀	로	집	에	키	판	전	기
민	찻	낚	낭	호	꾸	매	군	눈	람	겨	로	지	바
군	주	시	사	팡	주	밤	론	사	썰	주	씽	띵	망
주	커	의	냄	발	께	주	롱	람	주	매	짱	눈	셀
굴	션	주	빈	페	판	패	방	모	에	킹	장	길	주
귤	주	패	자	자	딩	낚	옴	솜	장	욜	보	기	결
전	핫	딩	섞	선	딜	밥	주	맘	건	혼	집	모	뱀
재	실	주	펄	냄	쿡	증	설	판	건	썰	쟁	바	진
폭	빔	먼	기	비	썰	폭	포	땡	키	메	경	지	수

폭설

얼음낚시

눈썰매장

자선냄비

핫초코

기모바지

눈사람

전기장판

귤

롱패딩

스키장

나홀로집에

거리 음식 STREET FOOD

살	찹	기	호	대	인	떡	꽤	떡	질	호	김	묵	선
순	이	츠	너	뽁	기	구	갈	납	컵	주	주	순	대
쥬	치	호	떡	여	배	튠	빈	작	대	명	봉	주	천
또	떡	료	묵	막	꽈	틴	민	만	면	직	탑	친	밥
효	떵	소	잉	산	맹	치	솔	두	꽈	입	퇴	소	광
떨	언	맨	떡	삵	간	바	둘	떡	주	꽹	사	갈	트
붕	되	두	도	소	성	돌	뚠	건	뽁	딱	꽤	장	버
튀	컴	추	사	악	치	싸	튀	산	복	이	묶	어	사
김	컵	의	덩	죽	떤	랑	쿡	엘	부	순	복	툇	로
밥	발	푼	감	베	주	술	주	럴	꾜	구	쑨	험	카
처	불	주	밧	나	꽈	시	쌀	주	치	크	보	슬	틴
반	핫	구	설	콩	만	싼	독	깐	건	챕	검	진	튀
퇴	실	도	써	잔	찹	쌀	도	너	츠	채	리	떡	검
순	묵	됴	그	뻘	금	상	걸	풍	널	짜	면	고	밉

호떡	떡뽁이
순대	찹쌀도너츠
납작만두	컵밥
튀김	꼬치
김밥	핫도그
소떡소떡	꽈배기

#9
술 ALCOHOL

맥	광	과	엄	회	래	피	언	걸	이	냉	국	강	홉
전	줄	음	원	쌀	미	구	일	차	금	전	술	주	어
김	이	져	문	막	진	가	과	핑	주	주	랙	고	주
탄	재	료	어	걸	주	과	형	미	정	블	호	주	래
금	산	광	주	리	티	스	실	태	자	음	원	오	징
긍	포	해	래	슈	간	치	맥	주	하	아	볶	피	리
균	장	주	주	호	야	크	소	건	전	운	팝	대	병
소	마	검	선	주	취	고	주	강	걸	채	주	걸	장
절	차	의	제	고	정	숭	중	보	대	려	탈	젤	호
탕	편	주	찬	탄	폭	술	금	폭	밤	리	순	래	교
지	퐁	차	주	양	안	싱	탄	테	다	불	운	혜	탐
세	마	쏘	파	정	준	주	량	주	해	물	파	전	뭉
쑥	숙	취	치	숭	안	증	엠	장	건	칭	천	패	푸
웅	잔	추	물	해	양	량	비	알	맥	음	스	서	프

금주	안주	소맥
주량	숙취	과음
포장마차	과실주	막걸리
해장	해물파전	소주
술주정	폭탄주	치맥
대리운전	술고래	맥주

10
가족 FAMILY

삼	쇼	동	빠	생	주	친	조	척	멀	친	막	명	네
주	철	숭	칭	친	샌	구	캐	차	눈	주	내	맊	망
할	치	촌	척	는	버	은	카	누	요	사	냉	애	뻔
주	니	료	주	여	언	이	나	날	돈	오	천	현	환
아	형	주	촐	행	앤	내	노	녹	돌	할	아	막	고
죠	협	생	님	엄	간	주	네	막	식	미	할	이	모
주	머	국	머	호	할	아	버	지	반	떵	인	도	셍
조	니	욕	사	언	현	머	언	강	마	빠	독	동	생
죠	카	옹	연	행	호	카	니	보	친	빵	빤	척	솔
중	마	캘	닝	니	주	술	주	험	빼	올	츤	험	주
첫	셤	삼	촐	언	영	오	안	요	오	고	보	마	촌
상	사	촌	할	주	핸	주	아	빠	건	미	얼	진	매
누	실	주	빠	건	싱	증	식	만	건	삼	엄	염	총
촌	아	버	주	지	머	구	돈	돌	빠	초	할	마	먀

할머니	형	오빠
삼촌	언니	할아버지
동생	친척	아빠
식구	이모	사촌
누나	조카	사돈
막내	엄마	고모

11
영화 MOVIE

광	효	려	화	립	링	러	릴	영	드	주	별	점	뱅
홍	갱	앵	선	영	리	료	스	차	용	랙	하	립	호
얘	치	주	독	화	평	뷰	러	관	질	환	완	배	여
메	주	료	주	러	혼	딘	줄	성	여	운	견	연	배
갱	러	랜	호	션	주	엑	액	인	뱅	러	원	울	우
관	광	걱	뉴	옹	간	라	션	전	빼	공	릴	맨	로
곽	객	회	주	호	훙	주	별	건	점	매	주	배	유
막	사	맨	멘	맹	예	까	주	강	민	예	아	주	호
시	회	로	맨	틱	코	메	디	보	와	먹	맥	스	콩
러	장	릴	황	릴	요	오	화	험	장	자	막	점	오
자	일	뽀	수	사	횡	주	매	주	르	니	변	롱	피
미	열	포	코	타	로	관	괄	떡	겅	콘	평	로	쩜
팝	실	화	스	릴	러	화	매	세	립	감	콜	박	평
표	까	탄	만	독	립	영	화	평	론	알	라	스	론

관객	스포일러	호러
자막	로맨틱코메디	별점
시사회	리뷰	영화평론
액션	장르	까메오
여배우	예매	스타
영화관	스릴러	독립영화

12
티비 방송　TV SHOW

베	제	드	재	뱅	생	성	송	주	링	막	먹	자	거
방	먼	능	주	방	시	청	라	차	연	비	마	묵	주
송	치	쏭	송	변	송	재	실	자	주	티	미	트	력
예	랑	료	인	생	쿠	배	주	동	준	에	너	블	홈
상	막	짱	주	뀨	방	러	슈	관	다	스	원	유	뉴
왕	장	맥	뉴	주	누	테	주	플	버	이	률	스	주
주	드	시	연	호	먼	성	본	건	터	쌩	번	더	골
돗	라	드	사	급	방	식	능	강	주	멱	별	앞	산
짐	마	의	왜	주	본	세	에	보	첼	주	추	온	양
매	드	주	청	먹	방	술	인	월	챙	퀴	주	험	방
생	줄	시	천	멱	사	썰	방	색	연	재	연	주	주
막	장	청	굉	공	수	송	백	류	결	갱	능	예	주
언	실	률	광	고	주	증	본	주	건	티	능	주	인
동	봉	몬	애	교	특	상	각	유	블	석	생	예	주

본방사수	광고
막장드라마	연예인
먹방	생방송
예능	시청률
뉴스	재방송

케이팝 K-POP 1

룸	캇	올	죄	추	최	안	음	곡	생	뱅	탑	데	뷔
크	음	주	화	천	애	에	악	차	뮤	럽	댕	빅	틴
생	치	오	우	뷔	칼	군	실	은	그	무	묵	사	탑
쌩	림	료	디	돌	컹	애	피	룸	군	부	당	룹	너
악	습	밀	데	션	셩	캐	죄	칼	문	뷔	원	문	니
베	걸	주	클	돌	간	생	력	무	렴	궁	주	엘	곡
가	주	산	차	호	가	방	이	군	무	켤	역	몽	군
돌	강	방	사	주	사	유	아	강	미	싱	연	곡	보
뷰	대	의	송	이	새	팬	주	보	련	습	신	실	악
외	컬	돈	룹	럼	양	클	란	방	생	주	데	군	박
주	보	볼	실	디	수	럽	팬	션	살	청	칼	윤	정
아	이	돌	걸	견	애	주	음	악	방	송	습	생	석
최	그	그	용	펜	이	돌	운	약	건	주	왕	란	만
에	룹	팬	태	그	주	상	신	추	런	클	퍼	슈	곡

아이돌　　　　　　　　　　신곡
걸그룹　　　　　　　　　　칼군무
가사　　　　　　　　　　　음악방송
데뷔　　　　　　　　　　　보이그룹
오디션　　　　　　　　　　최애 *
팬클럽　　　　　　　　　　연습생

케이팝 K-POP 2

직	칸	짱	매	캠	연	망	응	저	로	직	짐	칸	캉
곡	데	니	빛	권	얼	구	렬	천	캠	펜	컹	컴	주
확	치	새	당	주	돌	굴	실	주	칼	생	환	키	무
생	밤	료	대	재	청	청	천	주	창	귤	기	획	사
살	댕	세	주	금	생	얼	주	재	굴	입	원	맹	멍
주	무	기	떼	작	간	소	전	매	주	오	메	닐	니
사	획	창	세	잔	곡	사	민	건	딜	주	져	메	라
떼	생	성	사	술	롱	먼	획	뮤	상	귤	한	매	솔
중	주	팬	천	송	솔	주	찍	직	빙	멤	니	주	져
펜	클	쌩	꼭	퍼	로	술	주	비	주	저	징	뮤	캔
센	굴	먼	젤	작	명	료	때	디	안	무	보	주	직
주	팬	오	퍼	포	먼	스	올	오	건	캔	굴	진	딩
포	실	제	공	펄	캠	증	로	론	건	횡	천	안	욕
얼	퍼	여	주	떼	세	상	기	철	뮤	묵	앙	수	복

작곡   얼굴천재 *

안무   직캠 *

기획사   매니저

대세   솔로

퍼포먼스   뮤직비디오

사생팬   떼창

15
어린이 교육 PRESCHOOL

꿍	작	게	진	수	갱	유	응	단	당	주	장	뽀	현
육	공	주	령	주	집	구	윤	차	주	짝	주	주	짜
우	치	주	개	우	지	얄	책	쟁	보	주	꿍	캐	궁
봉	주	료	링	린	주	알	림	장	육	욱	방	련	상
토	보	뽀	롱	연	톤	모	람	주	교	림	장	가	챈
치	톤	통	주	쿨	간	둠	필	주	사	짠	주	공	책
도	영	령	동	호	앨	수	어	건	융	공	생	상	챈
연	언	앤	돈	아	실	업	안	강	본	운	상	산	샘
필	린	의	기	야	헌	상	주	아	책	동	삼	주	동
핀	주	상	원	슴	현	정	주	유	긴	키	카	험	심
판	어	주	핵	장	수	차	치	주	육	패	즈	선	샘
어	림	린	학	형	쟁	원	채	원	숙	강	검	카	기
강	실	습	이	짐	속	증	쿤	컬	건	킹	팽	주	페
교	고	슴	장	집	심	즈	스	쿨	존	종	알	란	장

어린이집	아동	공책
연필	지우개	알림장
유치원	키즈카페	책상
교실	짝꿍	보육교사
동심	뽀통령 *	아기상어
유아	스쿨존	현장학습

16
중·고등학교 MIDDLE·HIGH SCHOOL 1

해	단	임	주	데	한	임	님	식	차	달	강	재	지
면	각	공	담	샘	시	입	금	중	임	봄	주	식	각
칼	치	주	암	임	핵	생	실	주	금	싱	급	고	간
콘	세	댐	적	간	학	주	모	왜	샤	의	굽	봉	본
미	주	엠	단	칙	급	외	의	죠	각	인	험	고	딩
곤	알	주	들	웨	간	규	고	쥬	데	성	안	앞	사
야	저	콩	국	중	간	고	사	건	견	중	주	골	잰
여	자	말	사	주	얼	공	고	쾌	강	간	교	교	간
분	멸	의	줄	죽	갓	학	말	보	칸	복	봇	헌	입
말	준	쭌	정	국	맬	인	기	험	밤	솔	올	험	꾼
스	고	헌	주	대	수	볼	입	혐	주	뵤	보	친	굽
기	말	교	모	학	혹	헉	핵	시	아	모	허	진	헐
붕	실	방	학	입	험	증	분	와	건	받	긴	기	따
년	쿨	부	식	시	압	상	합	모	고	의	핵	쨈	상

담임
급식
지각
기말고사
야자

중간고사
대학입시
모의고사
시험
교복

중·고등학교   MIDDLE·HIGH SCHOOL 2

틈	특	성	화	고	교	행	급	행	주	물	주	생	회
교	주	선	특	화	요	구	군	차	턱	등	학	쾌	독
고	치	션	곤	과	학	행	실	적	톨	웡	리	서	싱
선	외	료	화	흉	여	독	화	주	여	산	에	표	정
시	기	팽	혼	학	금	목	성	밖	주	입	원	쾌	학
녀	주	힌	수	웜	원	월	주	멈	여	퀸	관	외	왜
싯	행	능	핸	행	혈	쇼	주	건	신	강	과	와	회
실	눙	논	사	명	평	주	홈	강	렬	롬	워	할	앨
대	설	원	곡	등	원	가	주	열	토	영	원	리	진
지	등	수	열	여	행	술	공	험	폴	티	링	평	주
늘	유	급	돌	큼	수	화	곰	광	석	성	가	계	철
팽	포	산	동	교	껄	신	서	생	학	적	포	옥	독
간	내	신	등	급	주	증	실	쾌	여	표	롤	서	돛
화	실	성	고	행	글	상	특	널	주	폰	실	살	세

열공 *
수능
학원
수학여행
과외

성적표
내신등급
수행평가
특성화고
독서실

18
대학교 COLLEGE · UNIVERSITY

얼	방	잌	바	반	저	공	캣	타	캠	금	자	대	성
뱅	치	주	철	알	츌	구	점	차	퍼	주	편	청	숭
알	친	익	취	신	츈	출	실	슬	스	솔	슨	신	춰
토	킥	료	금	춘	대	주	재	주	커	금	후	인	툐
한	핵	햄	검	금	주	제	캠	픈	플	팔	원	익	주
후	휴	주	자	숙	간	업	강	곰	햐	사	앙	학	토
얼	어	학	연	수	라	목	얄	건	주	님	연	사	플
졈	점	얀	금	후	학	교	고	대	충	교	숙	장	주
정	절	취	업	주	수	양	영	보	수	기	신	학	머
갱	걸	쉬	주	님	관	과	동	순	퍼	애	연	금	스
수	겅	엽	알	돔	수	목	주	교	주	틀	익	공	숙
강	주	리	이	도	주	동	큼	콜	전	캉	출	진	익
신	실	알	동	주	아	증	주	공	콩	수	턱	청	업
청	신	벼	아	리	레	상	전	부	강	학	주	퍼	기

기숙사	학점	학자금대출
취업	캠퍼스커플	교양과목
어학연수	알바	장학금
토익	전공	수강신청
동아리	휴학	교수님

#19
색깔   COLORS

파	정	량	롬	현	엘	둥	발	건	점	주	파	표	퍼
검	홍	록	쵸	연	주	구	간	차	런	랑	주	설	닌
촌	초	롱	영	두	빨	깅	생	주	뇨	노	패	랑	연
론	호	료	수	열	주	전	래	란	주	짚	붕	주	드
혼	초	보	뇨	검	염	야	노	분	람	야	공	홍	초
촉	노	랄	환	쩡	간	얼	파	주	여	혼	주	불	주
정	런	화	견	호	곰	주	레	건	남	홍	환	쥬	환
패	란	껌	검	정	련	떤	두	야	뷰	분	벗	러	록
소	랑	쟁	겸	주	황	영	보	람	홈	주	번	주	발
콰	주	오	밸	준	환	술	두	광	변	벙	수	쿰	래
파	흉	노	뻘	갈	랑	주	보	봇	야	부	야	볼	팬
홍	전	겸	빨	주	펴	봐	봉	라	파	빤	랭	진	빠
랑	실	피	주	강	선	증	주	요	란	광	윙	탕	팍
병	래	삭	주	갈	깅	회	겅	과	야	왕	냉	통	직

노랑
보라
검정
초록
분홍

연두
파랑
야광
빨강
주황

20
운전　DRIVING

블	빔	개	익	히	게	훙	단	찬	동	랙	단	송	븜
네	비	게	이	션	설	구	채	차	속	힛	추	주	차
레	반	선	패	주	차	달	실	게	고	재	한	후	주
랙	속	료	불	백	주	당	휴	속	주	캐	주	속	댕
택	자	섯	블	위	스	도	인	승	하	제	원	비	과
휴	지	동	이	랙	간	로	주	이	주	세	휸	쇼	테
허	주	방	주	한	박	세	패	건	파	해	휴	주	료
차	단	주	사	탠	자	스	포	강	턴	주	후	게	주
주	세	의	과	동	휴	랙	속	보	호	후	주	유	소
과	태	료	세	게	비	술	고	제	동	순	위	험	주
속	단	차	주	권	태	속	도	료	주	신	재	소	박
방	게	하	져	속	도	제	한	발	호	선	박	태	수
지	실	로	반	로	오	전	힘	위	뱐	워	세	신	번
턱	당	션	방	솔	속	상	반	뱅	지	처	크	효	휴

주차단속　　　　　　　　　속도제한
하이패스　　　　　　　　　네비게이션
휴게소　　　　　　　　　　블랙박스
신호위반　　　　　　　　　과태료
과속방지턱　　　　　　　　고속도로
주유소　　　　　　　　　　자동세차

21
도시생활 LIVING IN A CITY

충	차	쟁	연	쇼	울	층	응	판	와	이	파	이	일
츰	댈	충	간	소	음	운	와	차	새	주	펴	분	층
주	치	춤	택	세	주	옴	실	밍	미	왜	배	리	고
청	필	료	베	장	잘	온	매	울	세	명	지	음	주
리	주	은	주	잔	주	라	핑	쇼	먼	입	원	베	식
부	소	차	채	핀	간	인	신	택	지	새	택	본	분
히	시	식	인	호	권	쇼	소	과	생	하	쇼	리	불
비	멍	음	사	온	생	핑	주	밀	역	배	수	려	주
주	달	의	지	비	층	감	권	인	어	거	버	차	링
리	간	예	역	격	주	술	라	구	아	순	건	미	장
먼	층	세	먼	바	수	식	석	촌	총	애	세	헛	와
셔	권	궈	턱	주	음	응	인	고	층	아	파	트	주
핑	실	주	택	달	운	귀	라	쇼	건	공	간	하	아
병	연	세	배	주	베	농	란	것	층	크	소	튼	핑

와이파이	온라인쇼핑
역세권	택배
층간소음	분리수거
주차시비	미세먼지
배달음식	고층아파트
과밀인구	귀농

직장·일 WORK·JOB 1

이	짐	극	영	밍	연	일	이	생	진	왜	주	일	직
새	출	국	엄	쿡	주	구	굼	차	주	주	퇴	줘	퇴
연	치	민	면	영	큼	꾸	력	리	이	직	적	왜	토
이	력	연	급	진	주	랙	랭	력	금	주	춘	퇴	징
주	세	금	근	승	력	충	서	곰	춤	입	원	에	출
굼	사	장	님	업	간	국	퇴	식	열	제	주	산	권
연	급	주	삼	호	전	주	세	건	후	주	휴	재	신
선	휴	주	승	진	숭	민	주	강	주	가	주	보	뵤
새	곤	의	과	질	주	성	주	보	이	간	헉	험	죠
언	금	주	신	천	금	과	역	험	가	주	재	현	열
얼	업	장	출	주	수	급	쇠	군	주	일	보	셜	련
영	주	님	력	승	근	연	균	주	사	강	열	진	주
주	실	주	금	령	국	증	주	장	건	영	연	직	력
거	민	언	승	민	산	상	님	휴	가	일	산	실	장

이직	세금
성과급	사장님
출산휴가	국민연금
퇴직금	영업
열일 *	산재보험
이력서	승진

화	거	사	님	퐁	주	대	예	근	일	급	레	쳐	초
래	말	주	정	산	송	구	건	차	주	거	래	처	업
면	치	연	주	하	주	직	실	애	겨	것	뢰	주	섭
처	주	말	당	적	표	주	회	주	뢰	주	외	상	충
망	차	촐	올	표	상	화	당	사	주	입	원	권	천
저	금	자	업	돼	간	산	퇴	대	철	명	당	찍	곤
업	염	영	역	호	월	출	근	건	천	얼	주	말	주
소	단	업	사	윈	제	이	주	야	청	원	월	원	삽
퇴	표	자	연	인	원	씨	버	말	법	급	초	차	새
되	주	화	언	직	웜	술	주	언	댈	남	웡	험	퇴
금	연	주	단	주	수	말	네	주	포	여	근	포	곱
자	님	말	주	춘	산	단	쳐	데	아	금	대	진	월
역	정	닥	정	야	거	레	려	주	월	넉	표	만	펴
근	회	말	적	산	대	상	단	직	원	널	님	넘	급

회사	출근
퇴사	야근
월차	거래처
연말정산	말단직원
퇴근	월급
대표님	자영업자

24
띠   12 ZODIAC ANIMALS

이	쇼	돼	징	앵	강	양	범	송	앵	떠	연	쉬	영
띠	주	지	되	띠	욘	구	성	차	양	숭	용	줘	주
랑	치	띠	왜	떼	주	또	호	룐	욘	띠	랭	효	띠
혼	게	료	연	랑	때	뚜	혹	룔	이	디	말	만	진
이	떠	주	띠	덕	맬	마	연	숭	토	입	원	낑	되
띠	주	이	닭	주	간	뱀	원	맴	몬	때	통	떼	끼
호	툐	뚜	닥	쥐	줘	주	떠	건	웡	범	큰	버	셩
코	쇼	혼	돼	준	띠	결	주	강	띠	밈	주	닭	띠
토	주	의	멸	소	낄	끼	영	떼	롱	홍	띤	만	떤
숭	끼	쇼	뱀	번	떠	띠	향	험	주	호	경	현	몰
떠	원	띠	봄	면	수	송	뚜	애	렁	주	보	떠	닭
도	다	띤	탁	쥐	강	개	주	이	웡	랑	돼	진	탁
때	실	띠	게	떼	주	증	띠	주	컨	주	재	띠	영
병	주	랑	파	손	토	상	주	양	주	때	띨	주	뚜

쥐띠	소띠
범띠	토끼띠
용띠	뱀띠
말띠	양띠
원숭이띠	닭띠
개띠	돼지띠

25
고깃집   KOREAN BARBECUE RESTAURANTS

단	칭	비	한	샤	놀	삼	샘	이	알	팝	접	쉬	블
신	주	시	주	방	접	구	겁	삼	겹	살	면	놀	앞
갈	치	입	이	묘	걸	간	갈	홀	방	미	모	져	접
주	깬	놀	주	모	남	빔	비	채	상	벤	압	젭	시
갑	솔	인	깻	남	님	외	판	쌀	츄	링	원	이	개
껫	닢	뱅	마	주	간	가	추	워	마	고	쌈	냉	명
주	불	블	삼	호	랠	위	거	건	가	주	안	패	채
깻	링	령	앞	놀	발	이	쉬	위	겨	기	맛	위	강
깐	잎	의	히	벨	주	원	주	보	블	자	체	파	주
결	비	당	힌	쟁	방	술	장	험	주	집	채	웅	있
간	식	링	한	주	밸	주	쌈	추	상	생	썸	한	어
주	방	불	우	치	됭	갯	산	춘	랭	강	패	진	방
될	실	되	쌈	종	게	증	케	냉	랜	명	주	파	천
모	이	단	된	장	찌	개	지	면	민	링	벌	체	판

이모님	삼겹살	마블링
놀이방	된장찌개	쌈장
벨	가위	냉면
갈비	깻잎	파채
상추쌈	한우	앞접시

가전제품　　HOUSEHOLD APPLIANCES 1

캠	터	민	틸	컴	캔	피	키	습	커	매	키	커	키
전	소	리	표	퓨	큐	구	에	어	프	라	이	어	주
탁	치	다	엄	터	팀	턴	실	틴	커	메	주	프	서
고	분	료	주	미	리	다	팀	스	피	탁	어	종	기
냉	오	청	정	전	어	대	무	커	타	입	라	틱	빔
새	틴	소	환	거	간	정	데	주	대	일	상	자	레
세	탁	기	습	호	빔	비	소	건	비	패	러	타	인
쉐	서	순	습	주	화	훠	전	정	슈	건	폐	세	전
정	븐	의	긴	가	강	피	조	보	수	조	가	주	자
녕	장	교	척	냉	프	식	기	세	척	기	전	척	레
의	앤	마	슨	장	수	싱	피	스	정	뮤	무	주	인
자	어	유	주	고	생	커	화	청	건	기	상	진	지
전	회	오	븐	공	정	마	기	주	타	라	수	어	민
데	청	언	스	팀	다	공	안	마	의	자	거	자	공

세탁기	냉장고	커피메이커
청소기	에어프라이어	식기세척기
가습기	건조기	정수기
오븐	스팀다리미	공기청정기
전자레인지	안마의자	컴퓨터
스타일러	비데	폐가전무상수거

27

가전제품   HOUSEHOLD APPLIANCES 2

툐	토	스	터	준	청	전	음	주	밥	솟	처	텔	리
빈	푸	린	슈	퓨	킨	구	식	솥	민	청	주	레	비
빔	프	로	젝	터	컴	전	실	기	성	믹	써	비	긴
쿤	잉	료	젱	트	수	북	솥	먹	서	쿨	본	전	물
뎍	치	인	주	션	익	빕	트	기	릿	입	린	풍	제
주	덕	주	써	덩	간	제	써	노	음	프	태	봇	슷
션	쟝	교	인	호	습	태	재	건	전	주	블	풍	롯
킴	냉	썬	사	컨	전	주	에	물	기	핀	릿	트	음
김	레	헤	에	주	주	어	주	닛	주	습	피	북	식
치	텔	어	믹	컨	써	술	테	불	전	소	시	믹	물
냉	컨	드	주	쿨	수	주	렌	주	자	칭	제	주	처
장	밥	라	레	컨	시	선	뎌	료	본	강	천	습	리
고	실	이	터	선	에	증	풍	주	로	봇	청	소	기
병	터	기	풍	피	어	상	블	기	주	레	컴	퓨	어

김치냉장고	에어컨	로봇청소기
프린터	제습기	태블릿피시
선풍기	헤어드라이기	빔프로젝터
텔레비전	전기주전자	에어써큘레이터
토스터	인덕션	음식물처리기
노트북컴퓨터	밥솥	믹서기

28
신체 BODY PARTS 1

엉	목	콘	릅	뒤	덩	군	머	썹	주	루	허	반	덩
중	탈	수	구	무	뻘	눈	발	가	락	랙	박	구	리
목	치	톤	륟	뮤	벌	박	르	매	강	주	지	앤	나
카	이	앵	어	생	주	마	만	가	류	능	중	데	래
댕	통	덩	이	게	속	정	깨	현	주	속	원	광	몸
번	방	영	엉	송	간	손	톱	소	눈	히	단	뼈	벅
덩	전	리	언	호	톰	목	름	썹	몬	관	대	주	락
어	속	지	호	허	락	인	주	강	벅	광	슝	배	뼈
깨	꾜	의	벅	르	못	논	목	보	뼈	지	괭	서	구
주	개	존	번	허	락	술	릎	옆	쉿	콩	퓬	리	석
고	룬	머	리	달	섭	섞	퉈	엽	오	벅	보	눈	인
마	주	푼	구	다	콩	언	엽	대	뒤	통	수	진	발
코	래	억	옆	주	께	증	중	식	건	동	통	섭	엽
머	몽	쿄	중	속	르	인	주	톤	마	리	되	중	편

손목	가르마	옆구리
다리	어깨	인중
엉덩이	코	손톱
목	허리	허벅지
뒤통수	무릎	광대뼈
발가락	속눈썹	머리

#29
신체 BODY PARTS 2

꼽	드	눈	리	콧	가	주	응	멍	이	썹	선	잇	간
섭	먼	콘	주	년	정	구	눈	차	자	주	이	입	앱
군	치	가	콧	주	락	잇	썹	몬	온	덩	정	주	인
주	코	료	밸	구	간	겨	운	넝	눈	눙	굴	멍	락
목	주	면	락	엉	멍	인	곱	주	동	입	모	주	미
반	리	구	종	동	간	랑	공	돈	자	군	가	간	선
어	아	몽	랑	목	주	아	궈	건	꼽	구	콧	갓	강
매	종	송	사	주	발	리	이	강	먹	강	뽈	종	미
간	손	동	렁	드	뱅	곰	눈	배	곤	미	구	귀	위
쫑	애	랭	주	못	썹	술	굴	꼽	큘	걸	굼	골	꾼
겨	드	랑	이	주	별	얼	주	언	먼	동	금	송	낌
본	두	인	롱	강	주	열	얼	리	송	손	가	락	턴
싯	실	잇	간	종	정	증	턴	목	몬	간	배	권	런
거	묜	몸	쟁	몽	강	상	손	턱	동	베	봇	본	볼

배꼽	발	손가락
종아리	정강이	눈동자
입	눈썹	얼굴
발목	미간	볼
귀	턱	손금
겨드랑이	콧구멍	잇몸

30
신체 BODY PARTS 3

초	진	인	입	순	개	조	솜	주	뿜	주	텅	슴	베
친	전	천	올	술	주	구	해	차	리	청	탁	주	닥
치	장	죠	반	뺌	애	이	마	주	술	장	슈	정	성
수	슴	료	든	꺼	허	키	매	러	머	닥	수	며	우
바	판	정	보	등	동	주	수	개	주	리	원	려	종
폴	베	배	주	풍	간	장	거	뒤	시	력	카	꿈	설
보	뱅	레	공	호	카	던	기	아	치	주	랑	락	주
거	슴	주	사	골	반	아	년	뻔	주	꿈	주	렬	바
섬	가	의	꼴	입	번	송	바	락	빤	주	팔	까	거
조	송	손	덩	골	방	술	주	뺨	주	범	주	치	슴
허	수	주	바	주	눈	주	매	밤	주	알	꿈	주	굼
러	리	머	비	닥	거	꺼	펼	마	허	뒤	궁	덩	현
혀	실	봇	게	달	눙	증	풀	주	발	쿰	둬	치	뒷
한	본	보	조	개	푼	판	이	방	주	벌	뒤	슴	칭

눈꺼풀	입천장	발뒤꿈치
보조개	골반	팔
뺨	입술	혀
치아	머리카락	이마
정수리	배	팔꿈치
손바닥	가슴	등

31

휴가 • 여행   VACATION • TRAVEL

빅	해	수	비	주	욕	숙	광	내	피	핏	주	여	횡
슈	빙	내	녀	행	주	구	혜	차	건	서	연	객	성
숙	박	시	설	걱	기	장	공	샌	내	여	지	국	햄
개	곡	료	얼	셜	주	잘	욕	혜	연	안	주	선	행
계	곤	비	영	시	왜	저	욘	수	방	입	산	새	명
과	석	슈	박	점	간	연	전	서	해	애	어	샌	재
바	고	닷	슈	호	수	셜	잔	건	외	왜	잼	명	면
옹	황	공	쑥	행	백	영	용	강	여	중	공	세	박
당	해	항	주	경	여	주	장	보	행	면	점	주	굉
바	다	화	요	황	해	술	시	여	쿡	휴	관	개	곰
버	대	어	여	권	숙	박	내	네	곡	잔	곡	항	황
권	관	주	오	권	서	국	방	쿡	객	정	복	진	보
괭	광	외	권	원	주	증	샨	영	계	뵤	영	행	영
갱	객	개	사	여	슈	상	곡	가	콕	봉	수	버	권

피서지	해외여행	계곡
관광객	공항	수영장
국내여행	산	여권
면세점	해수욕장	바다
수영복	숙박시설	비행기

32
공휴일 PUBLIC HOLIDAYS

힌	충	공	체	석	널	처	체	현	채	데	추	린	살
허	탕	휴	형	터	휴	구	채	차	절	간	석	절	틴
일	치	헛	현	채	링	턴	균	벌	복	봄	리	인	날
빨	널	충	헌	커	광	탄	성	셤	선	빨	용	여	마
린	일	휴	공	체	대	알	설	셜	간	입	크	오	충
싱	신	탄	덩	요	어	린	이	날	년	링	션	주	널
금	탄	데	후	크	여	클	글	건	신	정	정	황	곰
형	가	절	사	리	근	한	침	강	복	오	냄	남	삼
연	석	탄	빨	스	금	이	날	얼	휴	대	님	주	잇
충	왕	섬	삼	마	신	술	휴	연	주	요	임	처	스
황	괭	북	일	스	년	강	금	곤	천	싱	봉	치	부
윙	광	복	절	수	삼	황	후	부	성	크	러	스	어
현	실	스	샘	탄	틸	증	석	쳐	탕	날	무	님	린
일	굉	봉	복	쭈	성	상	엉	주	일	닐	샘	한	굴

황금연휴	석가탄신일	성탄절
어린이날	부처님오신날	크리스마스
현충일	추석	광복절
한글날	신정	설날
삼일절	빨간날	대체공휴일

몸에 착용할 수 있는 것 WEARABLE THINGS 1

털	핑	기	호	대	인	퍼	마	조	질	호	김	묵	선
순	이	츠	넥	끼	기	구	갈	끼	컵	주	주	단	대
쥬	치	타	백	여	털	틸	스	작	츠	명	봉	주	화
하	이	힐	단	신	칭	프	민	만	셔	직	탑	친	목
효	원	재	잉	캐	원	치	뵤	두	술	입	작	소	당
셔	제	복	봉	피	간	바	모	자	주	젬	사	갈	야
붕	되	두	스	소	성	말	표	건	명	주	생	상	버
앞	바	배	카	악	반	싸	면	산	주	이	점	어	사
김	말	버	프	죽	떤	바	넥	텍	부	퍼	복	치	로
양	발	면	감	베	지	술	지	럴	슐	구	점	장	카
처	압	르	밧	스	모	시	모	주	치	슬	피	슬	틴
반	앞	치	마	콩	만	싼	독	츠	건	리	작	진	치
퇴	실	정	써	잔	점	야	산	너	펑	퍼	리	업	검
순	장	됴	그	자	금	상	걸	양	널	짜	면	고	복

반바지	모자	원피스
단화	면바지	스카프
하이힐	야상점퍼	정장
슬리퍼	양말	넥타이
조끼	털신	셔츠
앞치마	작업복	제복

34
몸에 착용할 수 있는 것   WEARABLE THINGS 2

살	샌	기	호	벼	선	우	규	불	송	속	옷	묵	선
순	이	생	너	버	베	구	갈	납	청	쇼	옹	이	대
쥬	치	코	고	여	배	라	챙	블	대	명	막	주	천
쿄	쟁	트	투	샌	생	틴	민	라	둥	터	턴	친	카
효	장	소	잉	산	들	코	솔	우	웨	티	웨	소	디
화	언	맨	청	샅	간	바	둘	스	주	츠	사	갈	건
윤	동	두	지	소	성	건	복	건	셔	주	카	장	버
바	회	운	바	악	치	후	드	티	주	이	시	어	사
김	운	비	청	죽	터	랑	반	띠	부	순	바	티	로
숭	발	바	천	베	주	신	인	리	내	구	내	등	카
처	덧	쳐	람	나	덧	시	궤	옥	복	크	산	슬	틴
반	핫	치	메	막	만	싼	독	드	건	화	띠	진	마
하	실	마	친	잔	이	후	도	장	회	채	리	라	검
순	묵	아	그	뻘	금	트	걸	허	리	띠	면	고	람

카디건	후드티	스웨터
허리띠	코트	청바지
샌들	내복	치마
버선	장화	등산화
운동화	속옷	바람막이
티셔츠	블라우스	덧신

35
김장 KIMJANG (MAKING & SHARING KIMCHI)

엉	목	문	릅	뒤	덩	군	머	썹	주	루	허	반	덩
중	탈	화	구	칼	굴	눈	과	가	쪽	랙	박	대	야
목	치	유	채	채	벌	박	풀	매	강	파	지	앤	나
식	임	산	어	생	주	과	만	가	대	눙	중	데	래
음	굵	부	이	게	김	치	통	현	주	속	원	광	몸
효	방	은	귤	송	간	포	퍼	소	눈	다	단	롯	벅
발	전	리	소	찹	쌀	풀	름	썹	젓	관	진	주	락
굵	속	은	호	금	락	인	주	우	벅	광	무	마	뻐
대	양	파	찹	르	못	논	새	보	뻐	지	괭	서	늘
주	개	존	절	쌀	락	멸	릂	옆	쉿	쾅	퓸	리	고
고	룬	임	소	달	섭	섞	치	엽	오	벅	보	춪	인
마	배	푼	루	근	생	언	엽	액	멸	우	가	진	발
추	래	억	젓	주	강	증	젓	식	젓	루	통	섭	엽
머	몽	교	중	속	르	풀	주	톤	마	리	되	중	편

절임배추	멸치액젓	발효음식
무	찹쌀풀	문화유산
고춧가루	쪽파	양파
다진마늘	대파	채칼
생강	굴	김치통
새우젓	굵은소금	대야

36
고궁　HISTORIC ROYAL PALACES

복	해	수	경	주	욕	숙	광	내	주	경	주	여	청
쿡	국	립	고	궁	박	물	관	차	건	서	연	객	성
돌	립	시	묘	걱	돌	창	공	저	내	여	지	궁	공
개	민	면	구	화	주	잘	복	목	연	안	경	선	행
계	속	비	강	시	복	저	건	궁	덕	창	청	희	명
송	박	암	박	점	간	연	복	서	한	애	어	샌	궁
바	물	창	슈	호	궁	경	물	건	석	왜	잼	교	궁
옹	관	궁	쑥	행	백	수	용	강	여	암	공	물	박
춧	해	올	주	경	여	주	덕	보	박	면	립	복	한
화	다	종	요	쥬	해	온	시	묘	용	박	관	개	곰
목	대	묘	복	주	춧	돌	올	네	곡	잔	박	항	황
영	조	주	오	궁	서	목	방	궁	객	정	석	진	보
연	복	건	권	덕	주	증	궁	영	강	화	복	행	영
갱	궁	개	물	여	권	결	곡	가	콕	봉	묘	물	관

경복궁	덕수궁	창덕궁
종묘	창경궁	박석
경희궁	궁궐	용
화강암	목조건물	국립고궁박물관
주춧돌	한복	국립민속박물관

37
의성어 ONOMATOPOEIA

떠	루	렁	딸	랑	딸	랑	펄	럭	콩	경	주	럭	쯧
쿡	따	펄	고	짹	박	짹	콜	차	건	서	펄	쯧	펼
돌	르	시	콜	걱	돌	창	짹	벙	내	럭	지	궁	칙
개	릉	면	구	록	빵	잘	복	목	펄	딱	펄	칙	행
뚝	덜	비	강	시	콜	저	벙	럴	덕	팔	폭	희	쪽
덜	거	덕	덜	거	덕	록	복	서	한	폭	어	첨	팔
바	거	창	댈	딱	뚝	방	물	퐁	석	왜	벙	교	궁
옹	빵	궁	똑	땅	백	덩	용	당	여	첨	공	물	찰
빵	벙	올	주	딱	여	퐁	랑	퐁	벙	면	립	칵	덕
화	다	쩍	요	쥬	똑	똔	덩	당	병	박	찰	커	곰
빵	대	엉	복	렁	골	딱	올	떡	곡	칵	덜	칵	황
영	엉	주	오	쿵	서	목	짱	궁	쯧	웅	퐁	탁	보
연	쿵	건	쿵	덕	주	그	콜	영	쯧	웅	덜	거	탁
엉	궁	개	당	여	랑	잭	곡	가	콕	봉	묘	물	관

콜록콜록	짹짹	쿵쿵
칙칙폭폭	덜거덕덜거덕	엉엉
쨍그랑	첨벙첨벙	펄럭펄럭
따르릉	똑딱똑딱	찰칵찰칵
퐁당퐁당	쯧쯧	빵빵
탁탁	쪽	딸랑딸랑

#38
의태어   MIMETIC WORDS

엉	금	엉	금	주	욕	쓴	으	쓴	으	경	주	말	렁
쿡	쨍	번	짝	아	꼬	틀	실	차	주	서	랑	주	성
뒤	랑	말	묘	걱	비	창	공	저	내	룩	지	틀	공
뚱	쏙	랑	구	틀	주	잘	덩	실	덩	실	주	선	행
뒤	되	말	비	시	복	저	건	랑	덩	짝	청	룩	명
뚱	렁	랑	락	엉	간	연	쏙	서	말	오	어	럭	락
바	장	창	모	근	물	틀	물	쨍	석	글	물	교	궁
옹	쩡	짱	락	언	꼬	장	용	쨍	여	오	공	오	박
아	이	올	모	근	잇	주	꼬	보	박	글	반	엉	물
화	장	깃	요	솔	해	깃	물	룽	슬	짝	관	개	곰
쏙	물	아	솔	락	꼬	뒤	꼬	네	반	둥	룩	항	으
영	뚱	오	장	깃	서	목	물	짝	금	실	틀	쏙	보
연	어	슬	렁	어	슬	렁	닥	영	강	화	으	행	영
갱	궁	개	글	여	다	닥	다	닥	콕	쏙	묘	물	관

반짝반짝	다닥다닥	솔솔
모락모락	오글오글	말랑말랑
꼬깃꼬깃	비틀비틀	어슬렁어슬렁
주룩주룩	꼬물꼬물	으쓱으쓱
아장아장	쨍쨍	뒤뚱뒤뚱
오물오물	엉금엉금	덩실덩실

39
랜덤　RANDOM WORDS　1

향	주	소	갈	그	도	소	연	향	도	차	구	료	로
먼	상	대	강	진	로	경	수	차	주	지	로	워	주
종	치	위	그	금	주	채	바	중	채	상	원	군	시
니	천	료	릇	신	병	건	자	종	실	권	이	장	인
함	푼	채	류	릇	문	구	성	문	주	뭉	권	위	슈
위	료	상	입	건	도	강	즈	이	품	증	성	의	향
언	권	건	넛	호	구	품	둥	상	니	견	릇	도	애
배	준	릇	사	동	위	늦	구	지	원	어	검	니	증
바	구	니	둥	강	이	주	위	보	순	문	술	주	품
둥	봉	권	내	중	화	술	로	뮨	몬	상	새	품	슈
둥	저	회	선	채	수	도	한	정	처	의	보	간	봉
간	주	체	수	덩	강	사	권	규	건	채	상	품	권
주	뮨	쥬	향	건	실	품	지	로	건	수	규	도	접
늦	동	저	양	자	주	화	문	기	술	진	니	강	상

향수	수건
늦둥이	지도
그릇	바구니
시장	위로
수채화	기술
상품권	주문

40
랜덤 RANDOM WORDS 2

출	심	제	리	터	텅	문	터	상	락	지	행	동	루
줄	지	순	울	간	슈	물	티	슈	면	전	아	증	줄
자	치	수	싱	식	아	주	실	건	방	주	빗	주	송
저	에	료	자	쓰	갑	슈	양	사	스	자	징	물	생
영	처	장	전	장	쑤	주	전	급	루	입	장	감	가
갑	고	망	추	스	지	쓰	사	샤	일	고	잉	란	면
연	치	재	전	루	처	레	주	자	굽	자	성	강	생
항	래	조	리	우	일	기	장	강	일	빙	숏	일	드
양	장	줄	교	고	무	장	갑	셍	무	주	반	드	무
건	소	항	레	방	일	루	감	영	처	아	밧	둔	주
락	앙	컵	슈	컵	갑	기	라	양	먼	주	항	생	방
컨	라	루	리	라	생	빗	경	건	전	지	곰	진	공
주	애	아	상	면	석	증	식	컴	전	줄	래	역	먼
물	항	티	산	밴	학	상	자	건	제	주	명	고	저

쓰레기	생일
컵라면	항아리
물티슈	먼지
망치	빗자루
고무장갑	줄자
건전지	일기장

41
랜덤 RANDOM WORDS 3

물	위	갬	성	유	성	대	검	줄	야	연	감	워	물
주	쇼	더	기	소	외	수	이	대	해	마	소	쟁	장
짐	치	을	화	용	쟝	깍	감	깎	열	물	네	냉	주
지	소	탁	세	천	대	물	간	이	필	더	주	수	을
집	화	회	문	탁	소	을	야	탁	몽	연	푸	표	뇨
중	기	준	연	익	이	치	슬	노	필	면	주	대	문
운	영	장	대	식	정	중	원	건	결	주	용	친	프
문	깍	울	사	용	대	데	리	고	데	장	천	앤	세
고	필	감	영	유	장	증	렬	보	지	포	공	인	포
집	쾡	수	냉	필	이	술	열	대	래	처	치	험	청
분	증	식	유	태	정	주	뇨	얼	리	필	포	천	정
감	연	지	수	정	표	레	열	주	을	강	검	진	장
수	실	원	표	감	성	증	톳	노	건	탁	엽	우	늘
선	수	핑	고	노	울	상	아	아	주	펄	원	노	호

영수증	천장
원고지	노을
이정표	소화기
감수성	연필깎이
세탁소	식용유
물감	대문

랜덤 RANDOM WORDS 4

주	년	주	추	충	폭	염	질	풍	부	전	욕	파	선
포	구	독	건	찬	크	동	문	차	억	션	서	판	기
전	치	옥	룡	이	덩	망	실	추	오	거	기	질	더
샤	슈	전	용	서	주	더	린	고	영	편	성	독	성
방	반	츄	욕	친	용	키	역	누	옹	공	억	용	카
친	열	주	억	용	셔	전	추	더	무	사	전	터	찬
욘	열	럼	천	온	슈	서	주	건	이	문	펑	느	구
음	찬	길	기	악	줄	용	에	드	공	처	억	음	신
얼	신	폼	문	부	드	선	친	보	콩	절	수	주	탕
응	사	반	욘	주	신	질	주	찬	성	쎈	림	험	공
약	수	독	절	용	선	탕	반	텨	곤	사	절	역	슈
질	주	두	카	철	공	애	번	부	천	친	공	진	얼
박	실	드	커	잉	수	악	용	채	건	터	은	샘	우
심	카	줄	모	섬	찬	상	창	워	게	롤	메	미	공

신용카드	반찬
사전	구독
성공	공사
질문	악수
용서	절친
이사	추억

랜덤   RANDOM WORDS 5

청	학	쇼	희	그	학	소	울	주	도	차	구	책	로
먼	친	대	소	과	로	희	산	차	주	지	망	워	만
종	치	청	레	괴	주	영	웃	청	술	상	원	군	시
니	천	료	미	신	과	건	주	마	실	소	이	장	희
웅	과	채	착	소	학	구	솔	과	수	끼	권	주	망
위	영	산	마	건	도	론	산	웅	운	증	성	의	회
언	책	숭	영	이	구	책	둥	상	니	고	희	도	애
배	준	미	래	동	토	연	구	께	원	백	검	니	증
영	구	니	도	청	학	롱	위	보	순	끼	술	주	깨
학	웅	원	서	수	망	토	로	론	청	상	새	품	슈
마	저	래	수	채	웃	도	한	토	처	의	과	웃	봉
간	운	께	수	고	강	사	한	웅	롱	술	상	이	권
슈	끼	깨	향	께	실	품	도	로	백	수	웃	백	구
수	동	꺼	리	자	천	화	문	전	히	망	니	강	상

미래	청소
도전	과학
산책	토론
고백	희망
수수께끼	영웅
마술	이웃

44
랜덤 RANDOM WORDS 6

송	담	불	추	엄	매	담	질	추	부	전	욕	파	선
포	구	독	득	찬	속	덤	화	차	불	유	천	보	기
주	슥	옥	베	이	석	의	실	만	먼	백	점	벽	더
주	슈	전	톰	서	템	화	린	고	불	펀	추	천	성
방	미	사	와	강	용	점	역	여	옹	평	블	쳄	찬
친	회	의	외	새	사	전	강	실	무	베	불	터	주
화	마	렴	득	뎀	베	서	시	템	이	문	개	특	구
음	찬	독	템	미	텀	용	개	음	공	처	배	음	신
얼	신	게	문	득	상	선	담	회	백	절	수	음	탕
미	사	의	석	식	용	베	주	찬	성	화	림	험	이
약	용	참	절	용	수	은	반	개	백	사	점	회	슈
질	설	실	마	철	속	애	마	부	천	여	공	진	얼
박	실	참	여	주	용	악	미	음	의	터	은	샘	주
심	강	줄	모	외	이	상	창	천	게	롤	메	미	공

마음	백화점
상식	베개
불평불만	속담
강사	추천
참여	득템*
미용실	회의

45
랜덤 RANDOM WORDS 7

헤	담	불	설	엄	매	덤	질	유	럼	전	욕	파	선
포	화	독	면	찬	갈	덤	화	차	핸	유	천	보	기
주	대	화	베	선	석	의	실	화	먼	백	점	벽	더
수	침	전	톰	서	대	화	린	고	유	헝	실	면	성
방	미	사	와	영	용	무	수	여	옹	츄	그	림	찬
친	갈	회	외	새	계	산	기	실	무	뮤	전	첩	수
화	마	럼	무	겨	상	서	시	템	이	행	멍	힝	구
달	알	자	명	미	재	안	전	음	공	처	유	음	신
그	지	석	문	득	상	선	담	회	행	절	수	음	명
림	성	영	석	싱	용	연	여	행	성	화	림	설	이
자	성	참	지	용	수	기	반	개	횡	사	선	회	슈
질	설	식	마	익	속	애	망	부	천	여	달	진	얼
박	고	림	수	주	수	악	우	엄	의	터	은	갈	주
면	강	자	모	신	이	선	창	천	게	롤	메	미	공

계산기   안전
연기   선수
수첩   유행
달걀   그림자
지식   무대
대화   설명

46
랜덤 RANDOM WORDS 8

은	년	놀	추	충	본	염	칠	풍	부	돋	성	안	년
흥	역	대	건	찬	크	동	경	차	억	션	보	판	기
전	치	옥	경	서	이	망	터	이	보	거	시	기	더
샤	슈	전	쟁	연	종	더	린	고	영	편	터	독	성
방	반	핸	은	친	사	티	터	이	놀	이	억	용	카
친	송	청	보	용	이	전	추	더	무	시	행	터	찬
욘	소	럼	은	행	슈	서	주	건	과	문	상	느	구
년	찬	길	기	악	농	용	돋	상	공	대	억	음	신
터	신	역	문	부	드	선	명	보	콩	절	수	동	탕
응	사	반	면	주	놀	질	명	본	성	옹	림	현	공
친	현	사	화	과	선	터	돗	흥	곤	사	종	대	슈
소	녕	두	사	철	화	애	번	행	천	과	공	사	얼
박	이	데	안	잉	한	징	용	채	건	터	은	회	우
놀	카	줄	정	섬	찬	상	회	워	게	롤	메	미	청

종이	흥행
은행	안정
놀이터	사과
돋보기	명상
면역	경쟁
현대사회	청소년

47
랜덤 RANDOM WORDS 9

물	위	제	품	유	면	대	검	줄	야	연	감	워	물
주	싱	더	기	소	외	거	안	대	민	마	소	안	장
짐	치	을	화	용	장	분	영	제	국	물	불	냉	주
지	혁	알	환	천	대	앤	간	이	신	더	주	수	을
집	성	회	문	자	소	을	야	탁	몽	할	푸	우	할
중	걸	준	연	역	할	치	슬	노	봉	면	세	불	성
운	영	론	대	귀	정	한	원	철	결	주	용	친	프
문	언	로	사	고	대	역	리	고	데	장	천	앤	이
고	이	현	언	형	민	증	렬	보	지	포	공	걸	포
집	균	걸	냉	군	새	우	열	대	래	처	귀	험	청
분	봉	식	유	되	정	주	뇨	여	리	필	본	형	정
신	연	지	협	정	표	레	열	주	성	강	철	진	론
증	제	원	표	력	언	천	톳	균	건	탁	엽	우	늘
환	수	품	론	노	울	상	봉	아	형	펄	원	노	호

균형	역할
새우	불안
국민	협력
환자	여성
언론	신제품
귀걸이	철봉

48
랜덤 RANDOM WORDS 10

출	심	태	리	터	의	문	터	상	락	지	행	동	루
양	지	순	울	간	슈	사	배	변	면	전	아	증	생
람	치	수	싱	식	아	양	소	건	사	주	빗	선	송
저	에	양	자	생	갑	슈	양	통	진	자	징	물	생
영	처	장	전	장	선	주	전	급	래	입	장	감	가
슈	설	망	구	스	잠	소	양	샤	잠	고	잉	란	먼
연	치	연	전	루	처	태	주	자	굽	자	성	강	람
항	기	조	리	우	꾼	호	예	강	일	꿀	솟	진	드
양	와	전	교	연	수	란	가	셍	무	잠	반	수	무
건	소	잠	레	방	바	루	규	영	처	아	밧	실	주
전	화	기	람	별	람	기	라	양	생	연	고	생	방
컨	라	루	벼	수	생	빗	예	전	희	태	곰	진	공
주	애	잔	별	미	석	증	식	방	전	줄	래	역	먼
물	효	티	산	밴	람	상	자	건	제	주	명	고	저

효과	별미
사진	실수
생선	태양
꿀잠 *	연구
예방	의사소통
바람	전화기

랜덤　　RANDOM WORDS　11

청	학	영	희	그	학	소	울	주	무	차	구	책	로
먼	친	대	양	과	로	희	표	차	주	료	망	워	만
종	치	자	레	소	주	몽	웃	청	술	문	원	군	소
니	천	성	미	신	영	건	주	마	포	소	이	장	음
웅	공	개	가	소	향	구	일	과	수	끼	권	주	목
위	영	산	자	메	도	내	상	웅	운	로	성	의	회
언	책	연	게	이	력	조	둥	상	니	퐁	희	도	애
은	준	매	공	동	토	연	음	자	원	성	검	니	증
무	소	니	도	청	학	롱	위	보	순	끼	술	주	거
학	로	원	매	음	망	토	로	료	청	가	새	품	령
마	저	력	분	채	웃	도	친	토	처	의	성	빈	봉
간	운	표	수	고	성	사	구	웅	롱	기	상	비	권
연	영	소	향	목	실	저	도	로	위	수	웃	애	구
수	동	꺼	리	표	천	화	문	분	히	망	니	강	상

자연	무료
가성비 *	상자
소음	공개
영양소	매력
목표	친구
분위기	내일

50
랜덤   RANDOM WORDS 12

죠	주	신	갈	그	도	소	연	독	호	차	구	료	로
건	원	대	강	진	님	겅	수	차	주	시	로	워	주
종	치	위	진	님	주	채	감	중	채	상	원	민	시
니	천	동	원	신	승	건	자	종	폴	결	이	탐	인
함	겸	채	류	인	문	이	부	안	언	뭉	권	위	슈
위	감	상	입	건	도	강	기	부	조	사	성	의	향
언	독	닌	스	호	녀	품	한	상	니	견	릇	도	애
배	준	원	사	갈	저	내	구	지	원	어	검	니	개
자	승	니	둥	강	매	주	서	보	년	문	술	성	품
둥	봉	럼	부	임	재	기	밋	남	남	상	새	품	슈
둥	저	회	선	풀	수	도	한	닌	처	의	보	간	봉
간	주	녀	수	덩	기	사	권	미	건	스	비	구	갈
주	자	쥬	감	건	실	넘	시	셔	조	승	선	도	접
늦	동	저	연	자	넘	민	문	매	독	진	니	매	상

원인	기부
풀	갈매기
조언	시민
남남	개성
감독	조사
자녀	스승

#51
랜덤   RANDOM WORDS 13

심	광	소	갈	그	도	플	연	뢰	참	차	구	기	업
먼	상	대	전	관	로	악	수	차	주	지	로	워	주
종	치	심	사	채	신	의	바	체	채	상	원	군	자
니	천	쿵	의	신	자	건	자	오	소	권	이	유	인
함	푼	채	악	장	전	구	성	투	주	뭉	권	위	슈
위	사	상	소	주	도	강	즈	이	의	리	성	의	업
랑	권	건	보	호	소	두	둥	상	니	견	릿	도	언
약	푼	정	사	유	위	투	구	지	심	어	검	니	증
악	펼	니	둥	강	이	유	업	보	순	문	술	위	리
둥	봉	주	플	중	전	술	키	율	장	상	새	품	슈
투	저	회	선	심	수	도	한	가	처	의	보	간	봉
간	자	체	수	덩	억	사	참	규	건	심	킴	플	쿵
플	뮨	채	광	건	실	류	지	로	관	수	규	관	접
관	동	저	양	자	주	전	문	출	정	진	니	강	상

관심	투자
의리	정보
악플 *	주장
심쿵 *	채소
사랑	유전
기업	참가

52
랜덤　RANDOM WORDS　14

사	학	쇼	희	그	학	굴	울	주	글	차	구	책	로
먼	춘	대	옥	과	로	희	덧	댓	주	지	망	워	만
종	치	기	회	괴	주	키	웃	앳	춘	체	험	군	시
니	천	슨	미	신	과	억	주	사	실	소	이	장	택
웅	승	채	착	규	춘	구	정	우	수	충	기	주	성
위	리	산	마	건	도	외	승	웅	운	증	성	의	견
언	려	숭	영	이	구	격	정	상	니	기	현	도	애
방	준	춘	래	동	답	장	구	께	원	역	체	니	증
장	구	니	도	청	딥	롱	위	보	순	끼	성	주	틱
맞	웅	원	서	리	망	심	결	열	청	상	새	선	택
마	저	구	맞	채	웃	도	한	장	처	의	과	우	봉
고	장	전	수	고	강	성	한	웅	롱	술	상	전	권
맞	격	억	짱	께	실	격	답	로	백	수	기	백	구
수	동	꺼	리	자	결	화	문	심	히	망	억	강	상

기회	성격
맞장구	결심
승리	답장
사춘기	체험
기억	우정
선택	댓글

53
랜덤 RANDOM WORDS 15

출	훈	제	리	터	텅	문	터	마	락	지	시	동	마
수	지	순	울	간	마	문	티	지	면	전	아	증	줄
연	치	예	싱	식	지	저	실	막	붕	주	공	주	송
저	에	료	자	이	갑	지	양	석	스	예	징	망	생
련	처	장	전	기	혜	해	전	급	분	입	장	감	가
갑	고	자	인	흥	지	애	사	석	일	고	잉	노	먼
연	련	재	신	루	훈	련	주	자	굽	자	력	강	화
항	눙	조	리	괴	인	기	혜	강	일	빙	회	염	력
양	장	줄	과	고	자	외	석	샌	무	연	반	오	무
건	눈	항	자	방	련	화	감	영	역	아	애	둔	주
락	앙	물	슈	분	소	기	라	수	막	주	외	생	방
컨	라	루	혜	라	생	래	서	마	염	지	곰	진	공
주	애	문	상	석	석	예	식	컴	전	줄	래	역	먼
자	물	티	산	밴	고	교	자	건	제	주	명	고	저

인기	예고
눈물	소화
수염	훈련
분석	연애
지혜	노력
과자	마지막

54
랜덤 RANDOM WORDS 16

물	위	연	락	처	면	식	석	줄	야	연	감	워	물
주	찬	더	기	소	외	거	휴	대	해	마	소	쟁	장
짐	극	을	화	법	쟝	호	과	배	열	물	네	냉	주
지	사	반	방	천	대	복	들	이	행	더	형	수	을
집	싱	회	문	탁	밀	을	야	갑	몽	성	푸	복	뇨
중	기	준	연	익	비	치	호	노	정	면	주	극	친
운	영	갑	대	호	정	중	들	진	결	주	용	친	프
문	깍	영	사	들	대	비	리	고	데	장	천	앤	세
고	필	락	처	후	하	증	행	보	응	과	공	인	포
집	찬	방	냉	배	락	술	복	과	래	처	일	험	청
분	락	석	유	비	선	주	뇨	얼	리	필	포	배	정
국	연	지	식	정	표	레	열	반	법	일	행	진	속
증	실	원	사	배	슈	증	반	비	은	탁	엽	우	늘
즌	수	응	고	노	울	응	아	아	주	펄	원	노	호

호들갑	연락처
진정성	극찬
선배	비밀
반응	방법
식사	과일
후배	행복

랜덤 RANDOM WORDS 17

주	년	주	추	충	과	염	다	풍	부	전	디	파	다
포	회	경	건	결	크	동	힝	차	억	횡	서	행	기
감	치	갬	징	이	덩	망	모	집	오	거	기	질	더
샤	정	전	뮨	서	기	더	린	고	영	유	텅	독	성
방	반	츄	욕	치	용	톤	유	누	애	인	억	용	카
친	고	주	억	용	류	전	추	통	무	결	인	의	찬
욘	객	럼	천	온	슈	인	주	건	괴	문	문	느	구
음	찬	견	기	악	개	용	에	드	공	처	억	음	신
얼	신	회	문	부	언	선	친	보	콩	탄	수	주	와
경	사	반	견	결	신	질	주	탄	성	수	림	험	공
약	저	회	의	문	선	변	수	터	곤	화	정	역	결
질	자	두	차	탕	공	화	번	부	천	물	공	진	얼
기	희	기	커	잉	회	견	용	채	건	터	은	샘	우
심	병	줄	모	섬	수	상	화	워	물	역	사	미	공

문의	결과
기자회견	감정
개인	고객
모집	유통
탄수화물	역사
변화	다행

56
랜덤 RANDOM WORDS 18

근	담	불	추	엄	혼	택	질	활	생	전	욕	파	선
포	최	독	득	결	재	덤	화	차	불	몸	천	보	기
결	온	옥	베	이	석	의	실	장	살	무	점	벽	더
주	기	전	톰	서	임	화	린	감	소	편	추	천	성
과	미	사	와	모	용	점	기	여	옹	군	블	쳄	찬
친	수	화	외	새	사	전	강	실	과	거	전	터	주
화	마	렴	추	뎀	베	서	시	템	화	문	무	특	구
음	일	상	생	활	텀	용	개	실	공	소	배	음	신
얼	신	게	문	사	상	재	담	회	제	택	수	음	탕
면	순	착	장	착	용	택	주	찬	성	과	림	험	이
약	소	참	처	용	수	근	반	개	백	사	무	회	슈
질	추	청	마	가	속	무	택	부	천	선	공	진	얼
가	실	선	창	주	용	실	사	거	의	터	착	샘	주
심	강	줄	모	외	이	상	창	천	게	롤	메	순	공

결혼	재택근무
소화	과거
선착순	모임
추가	일상생활
최근	몸살감기
실화	장사

57
랜덤 RANDOM WORDS 19

송	담	감	록	엄	매	광	질	광	부	습	욕	파	선
상	구	독	득	찬	습	덤	화	상	관	유	천	보	기
남	슥	영	악	이	석	의	감	만	먼	습	점	벽	더
주	칭	전	톰	서	캄	악	흠	고	감	칭	악	친	구
방	미	사	와	인	음	엄	요	여	옹	기	남	찰	악
친	괌	록	외	새	흡	철	강	실	무	여	전	천	주
화	마	호	흡	뎀	수	입	시	춘	의	문	찰	특	구
음	찬	효	음	홉	출	용	번	반	공	처	인	음	신
얼	신	출	문	득	영	선	신	회	칠	절	수	구	탕
수	사	카	석	악	용	반	주	찬	성	록	림	험	이
기	신	론	절	롬	수	은	반	개	백	사	감	기	염
록	용	상	마	철	부	작	용	부	천	여	공	념	얼
박	실	친	남	주	용	악	미	최	의	솜	은	찰	천
작	강	여	모	외	이	상	창	천	게	롤	메	영	입

부작용	인구
반신반의	기념촬영
음악감상	남친 *
기록	여친 *
수출	호흡
수입	습관

58
랜덤 RANDOM WORDS 20

주	년	숙	추	상	폭	염	개	공	부	전	겨	지	선
면	현	면	건	설	크	동	곤	주	억	션	서	판	기
전	명	옥	석	이	덩	망	거	추	오	거	기	질	더
공	석	전	실	거	쥬	더	린	고	숙	인	면	독	성
방	식	휴	험	헌	용	키	역	누	옹	상	억	용	카
친	열	주	억	건	욱	근	육	더	무	인	연	혼	찬
욘	엄	분	실	온	슈	서	주	건	단	문	현	지	인
음	찬	석	기	악	개	용	연	드	공	형	촌	음	신
우	신	폼	문	부	공	선	근	보	단	절	수	주	인
탄	사	반	욘	주	신	분	주	순	순	지	현	험	공
약	단	독	키	인	선	식	상	당	곤	사	개	역	슈
질	주	기	순	철	수	연	언	기	천	탄	공	진	얼
옹	실	당	간	잉	우	악	용	채	숭	터	은	간	우
심	카	간	모	섬	찬	상	창	워	게	단	던	미	공

인상	단순
숙면	우연
현지인	공개
근육	거주
실험	분석
휴식	단기간

59
랜덤 RANDOM WORDS 21

짜	위	텅	연	유	면	대	검	줄	야	연	감	워	물
공	공	자	기	타	외	거	표	대	해	마	소	쟁	장
짐	치	을	화	용	쟝	깍	포	정	장	멀	과	냉	서
지	겅	정	현	교	대	물	저	이	현	더	물	소	을
집	저	회	문	대	소	도	착	탁	몽	타	푸	표	뇨
공	기	실	연	근	외	문	표	노	필	면	주	가	문
운	영	저	대	무	가	원	껌	건	결	관	용	친	프
문	깍	울	녁	용	대	데	셔	교	광	장	천	앤	사
고	필	감	울	표	장	서	꿈	명	대	찌	공	인	포
집	물	가	냉	녁	소	술	소	대	용	처	대	근	청
분	쉰	식	쇠	짜	현	주	뇨	자	아	요	포	명	정
중	연	회	원	정	도	수	열	주	을	명	광	꾼	쇼
외	실	원	표	세	포	증	사	실	건	탁	엽	우	늘
즌	권	설	고	노	울	상	아	자	주	펄	원	노	호

저녁	꿈
회원	표정
현타 *	교대근무
공짜	물가
사실	관광명소
자소서 *	도착

60
랜덤 RANDOM WORDS 22

짐	충	제	리	터	텅	문	무	상	락	지	행	방	루
만	지	순	울	중	슈	공	바	더	면	전	먼	문	뱅
효	치	수	집	식	아	주	실	건	기	주	다	주	송
요	호	평	자	턴	택	턱	징	사	스	자	징	게	생
영	처	편	전	주	험	주	실	급	위	진	장	감	가
갑	동	반	독	스	지	헌	사	샤	일	실	잉	개	먼
연	데	단	전	루	쉬	평	위	자	굽	자	성	강	소
간	래	조	리	데	만	종	만	족	도	종	솟	쇼	드
공	장	줄	교	방	무	위	갑	험	무	주	개	드	무
건	감	당	대	반	일	험	감	만	처	오	밧	둔	주
락	앙	바	슈	택	갑	위	라	양	더	주	바	생	방
컨	콩	루	난	독	생	빗	겅	바	전	지	다	더	공
칸	애	진	상	주	쉬	증	식	컴	족	줄	래	역	먼
물	감	티	산	밴	엄	상	자	건	제	주	명	배	저

만족도	바다
소개	위험
단독주택	호평
반대	공감
무더기	집중
진실	방문

61
랜덤   RANDOM WORDS 23

연	학	편	희	평	가	소	울	주	도	차	구	책	로
먼	친	대	수	과	기	희	산	차	연	지	망	워	만
알	치	평	험	괴	주	영	웃	청	곱	송	면	군	시
니	설	료	생	신	포	건	인	연	실	멸	이	장	창
연	과	채	착	소	도	구	솔	사	수	종	권	문	밴
련	영	산	평	건	창	드	성	웅	운	증	소	의	회
언	사	숭	영	이	구	살	밴	상	니	창	희	도	애
선	일	미	펄	곱	토	연	구	창	원	백	검	필	증
멸	구	필	도	청	기	거	위	보	곱	핀	수	주	요
학	웅	요	서	수	포	토	로	예	청	상	새	품	슈
마	저	성	빌	채	요	도	한	종	처	의	과	일	슈
간	운	평	주	목	강	사	예	웅	오	술	상	생	권
목	기	잉	향	께	실	품	외	로	포	수	웃	백	구
수	동	사	리	자	천	화	문	전	히	인	니	강	상

평가	연설
멸종	필요성
소문	주목
인사	곱창밴드 *
필수	예외
포기	수험생

62
랜덤　RANDOM WORDS 24

향	오	소	갈	그	은	근	황	향	도	요	구	료	로
먼	상	대	강	왕	로	겅	수	차	오	해	회	워	주
종	슬	위	초	금	주	완	실	중	초	지	매	군	초
예	황	보	묘	신	시	건	자	종	보	모	이	증	인
술	푼	채	류	모	문	구	성	바	성	뭉	권	위	슈
위	료	상	입	뮤	매	강	즈	장	품	증	성	샷	향
언	배	건	근	호	구	메	예	상	니	견	릇	도	애
웅	준	메	사	동	위	늦	모	시	원	어	검	니	증
군	구	무	둥	사	이	주	장	지	순	문	인	주	숭
번	정	해	내	무	배	살	중	뮨	몬	상	마	중	슈
둥	저	전	선	실	수	도	한	정	처	의	보	간	슨
간	반	체	수	덩	강	사	향	규	건	채	인	증	샷
방	뮨	쥬	취	항	실	취	지	로	최	향	규	도	잣
반	동	저	양	자	주	화	문	해	술	진	니	강	상

메모지	취향
근황	인증샷 *
성장	예술
사무실	왕초보 *
반전	배웅
마중	오해

63
랜덤 RANDOM WORDS 25

송	담	련	추	련	매	논	한	계	부	전	욕	미	란
현	구	독	득	력	위	덤	화	차	분	유	제	논	기
전	속	옥	향	이	석	의	실	재	면	중	점	농	더
주	슈	영	헌	양	응	화	린	고	위	응	화	천	성
방	한	사	와	논	용	점	역	준	비	배	존	빈	깃
선	가	화	외	새	기	전	즌	실	무	소	이	터	주
화	마	렴	복	뎀	민	서	시	먼	이	제	한	재	구
음	찬	휴	응	미	고	용	교	음	공	처	미	식	신
얼	신	게	식	득	복	선	소	회	재	국	수	음	미
후	사	의	석	영	용	겨	주	복	극	봉	림	험	이
식	원	희	의	용	워	은	반	개	국	사	소	회	휴
변	번	민	마	위	속	애	휴	부	천	여	공	진	거
화	실	미	머	주	기	귀	미	력	의	터	은	샘	주
의	강	소	모	외	이	상	창	천	응	원	메	미	원

고민	위기
응원	재미
극복	논란
준비	한계
선한영향력	휴식
변화	미소

64
랜덤 RANDOM WORDS 26

주	개	변	추	그	얼	움	장	쇼	부	정	연	포	선
빛	깔	신	건	찬	크	절	부	얼	거	션	서	표	기
전	치	옥	룡	이	거	망	실	격	허	거	기	현	더
샤	빛	전	갈	재	주	더	억	고	영	해	움	독	성
방	반	산	표	친	용	감	역	창	변	유	억	용	카
친	열	주	신	용	창	전	김	더	무	탁	격	터	찬
격	검	렴	해	신	슈	형	감	건	재	문	소	장	구
음	찬	길	기	번	당	용	에	격	공	처	억	음	신
얼	신	도	문	부	드	부	친	견	러	절	수	뷰	탕
신	사	반	움	주	그	질	재	찬	성	유	림	분	공
약	신	계	규	개	선	번	깔	창	청	사	류	부	탁
질	주	두	재	철	공	아	번	부	천	창	이	진	얼
묘	실	아	커	당	분	소	용	채	건	쥬	리	그	재
편	전	어	모	섬	찬	현	창	워	게	유	메	미	공

깔창	부탁
감격	아재개그*
거절	해변
신신당부	빛
장소	도움
표현	유리

랜덤 RANDOM WORDS 27

물	위	갈	등	유	면	대	검	줄	야	연	감	워	물
주	녀	더	기	소	외	거	중	대	해	마	소	키	장
짐	치	헌	화	소	노	순	전	기	열	물	네	냉	주
지	조	점	향	천	대	서	간	이	유	더	주	수	명
집	화	회	문	기	소	을	야	가	치	향	유	학	뇨
중	멍	준	연	남	이	치	점	노	장	면	주	순	단
운	영	장	대	장	정	중	순	건	점	주	용	친	프
한	주	울	사	궁	대	남	년	기	데	단	천	앤	점
고	조	감	점	중	장	증	녀	소	중	이	공	인	치
유	명	향	냉	대	남	술	열	노	래	처	치	험	청
분	녀	면	유	태	기	주	남	얼	소	아	점	처	정
남	연	지	수	정	소	레	성	주	순	강	서	진	아
녀	실	원	점	데	정	증	슌	명	건	치	이	우	궁
즌	소	핑	고	노	울	상	아	아	주	경	원	노	호

남녀노소	순서
유학	기대
향기	갈등
조명	장점
가치	단점
아점 *	대중

#66
랜덤 RANDOM WORDS 28

출	심	제	리	터	텅	문	터	상	락	지	행	동	청
편	지	순	울	간	슈	행	건	막	수	전	아	증	춘
방	치	수	싱	식	아	주	실	건	방	주	건	주	송
저	에	씨	자	쓰	갑	송	양	사	스	초	징	물	생
영	처	날	전	장	편	주	전	급	나	입	장	감	가
갑	고	망	추	스	지	형	사	샤	일	고	잉	란	먼
연	날	재	전	루	낙	나	주	자	향	자	성	강	막
액	자	조	리	우	엽	송	초	강	일	초	솟	건	드
양	장	줄	교	수	자	행	편	늘	무	주	반	드	무
건	소	항	현	방	일	루	감	바	처	아	밧	둔	주
락	개	컵	슈	수	갑	기	라	양	나	주	항	생	방
컨	나	루	행	바	막	빗	경	향	액	지	곰	진	공
주	리	엽	상	널	석	증	식	행	전	방	래	역	먼
물	씨	티	산	밴	학	상	자	건	주	쥬	명	고	저

현수막	향초
바늘	주방
수건	개나리
날씨	청춘
액자	낙엽
행주	송편

67
랜덤 RANDOM WORDS 29

지	학	압	희	그	학	소	활	용	도	차	구	책	로
권	친	대	류	과	로	희	산	차	환	지	망	워	만
종	치	정	단	괴	주	영	웃	청	계	교	원	군	시
니	지	응	미	신	문	건	계	능	환	소	이	장	자
웅	원	채	착	소	상	구	솔	기	수	잇	권	주	활
위	영	산	류	오	도	론	용	웅	운	성	성	의	회
언	적	숭	영	이	구	능	둥	상	능	용	희	도	애
배	준	개	후	동	답	연	구	가	원	원	검	니	증
기	구	니	도	청	응	롱	위	보	순	끼	술	주	겨
성	피	원	서	가	망	토	로	성	청	상	새	품	슈
마	저	사	환	채	웃	도	한	적	처	의	성	응	봉
간	용	답	수	장	지	용	한	웅	롱	교	상	용	권
자	정	활	문	요	실	품	도	로	백	수	표	백	구
수	동	영	리	자	천	화	문	전	히	망	니	시	상

적성	사용자
응답	문장
기계	가능성
지원	교정
활용	표시
교환	오류

68
랜덤　RANDOM WORDS 30

문	주	소	갈	그	도	소	연	성	선	차	구	내	로
먼	상	광	강	진	로	편	리	차	주	내	로	여	주
종	치	위	리	금	주	편	바	중	채	상	원	군	통
니	천	번	자	신	교	건	자	끼	실	권	이	계	인
함	문	채	괌	과	관	구	성	옹	계	장	권	위	슈
위	장	범	입	건	리	강	계	내	저	증	성	정	향
언	권	건	법	호	자	조	장	약	니	견	져	도	애
배	명	문	사	동	위	법	구	지	서	과	교	니	증
구	관	아	면	강	이	주	내	확	순	문	술	주	품
둥	봉	감	내	중	리	저	네	인	면	상	새	조	끼
구	저	규	선	법	수	도	한	정	구	의	보	간	봉
간	명	마	감	덩	강	집	권	약	서	채	확	용	장
주	통	조	편	장	수	품	지	로	건	수	내	도	접
거	동	저	끼	자	주	화	문	명	끼	진	니	강	상

수집	확인
문법	내용
저장	계약서
편리성	구명조끼
마감	교과서
관리자	통계

랜덤　RANDOM WORDS 31

언	주	슈	갈	정	도	소	연	종	자	차	구	료	로
인	상	대	강	진	로	부	루	류	주	둥	로	재	주
종	쇄	왜	류	금	주	종	바	중	채	상	자	군	종
니	율	물	멀	신	건	재	자	제	실	권	이	공	인
쇠	푼	잉	켠	물	문	구	성	공	자	둥	류	존	리
둔	료	둥	입	건	도	강	즈	네	저	리	성	인	술
언	등	건	기	호	구	안	류	린	니	견	버	도	쇄
배	잔	키	사	족	위	내	구	지	콩	어	검	둑	증
잔	구	쇄	둥	강	이	주	쇄	앙	순	문	바	주	품
둥	고	잔	내	중	인	술	정	네	몬	상	새	품	슈
교	저	회	선	건	수	도	수	정	처	의	보	간	봉
간	주	체	바	공	정	사	권	규	건	채	부	둑	사
주	둑	쥬	물	잉	실	요	지	로	건	족	경	사	접
쇄	동	저	둑	자	주	화	문	소	고	진	니	강	상

잔고	안내
인쇄물	물건
제공	기둥
경사	종류
수정	제자리
바둑	부족

랜덤　RANDOM WORDS 32

차	주	선	갈	그	도	소	연	각	앵	차	생	명	로
성	상	대	강	차	로	책	수	차	주	각	로	우	주
종	치	번	치	금	선	채	바	중	저	선	눈	군	책
니	천	방	병	신	언	책	자	종	실	책	이	치	인
친	형	향	진	저	문	구	성	앱	명	명	권	위	슈
위	료	상	입	작	체	강	뱡	항	품	유	성	의	향
언	권	건	행	권	입	행	방	상	니	툰	릇	도	애
간	준	향	사	동	체	향	구	속	원	어	검	니	증
평	워	치	둥	강	이	명	단	보	순	진	행	주	품
둥	강	묘	내	중	선	술	탄	각	권	상	새	품	툰
보	저	회	선	평	수	저	한	명	처	웹	보	간	봉
간	주	체	차	덩	면	사	권	저	건	채	작	체	방
주	처	위	치	체	실	턴	웹	로	건	수	셍	도	각
업	동	저	잇	자	주	화	툰	향	행	진	니	강	진

위치	저작권
보강	유명
입체	진행
방향	웹툰
차선책	생각
단속	평면

71
랜덤　RANDOM WORDS 33

당	미	소	갈	그	중	소	연	보	제	차	구	료	로
먼	상	대	강	진	오	경	증	차	주	증	화	워	주
종	치	청	당	금	주	채	바	중	채	장	원	군	려
니	천	료	증	신	중	보	자	종	품	권	이	간	인
선	신	청	천	규	문	구	성	제	회	뭉	권	당	슈
위	칭	상	입	건	선	강	펌	저	푼	증	성	의	마
언	권	건	대	출	구	션	결	상	니	강	릇	도	애
카	준	가	철	동	위	제	구	지	원	어	검	니	옹
적	근	끼	죽	강	간	신	무	보	순	치	술	주	품
죽	봉	권	내	중	가	수	로	폼	몬	상	새	품	욘
둥	저	미	선	이	수	도	려	정	처	의	용	간	봉
간	매	체	끼	기	강	사	애	규	건	채	처	채	시
주	서	쥬	성	츙	곤	근	무	시	간	수	규	도	접
료	동	저	양	자	주	화	문	장	죽	진	니	강	상

수려	미끼
구성	보증
대출	마당
신청	화장품
근무시간	결제
채용	가죽

72

랜덤　RANDOM WORDS　34

향	주	소	갈	격	도	소	연	상	악	차	구	쇼	자
먼	상	대	공	진	로	상	수	상	역	세	로	워	주
종	격	위	편	금	주	채	바	력	채	상	원	군	격
니	천	생	성	신	병	건	자	학	실	주	이	자	인
함	푼	채	명	면	문	구	성	년	운	제	권	위	공
위	억	상	입	건	도	자	즈	편	품	증	성	의	악
언	악	건	학	핵	구	비	버	상	니	견	롯	도	애
기	준	독	사	동	위	소	구	지	원	어	편	니	증
비	과	상	둥	춤	이	주	오	보	순	독	술	주	품
룬	봉	권	내	중	천	술	자	학	헉	상	새	품	억
년	신	회	선	상	수	도	한	정	처	광	보	간	봉
간	년	체	독	덩	강	소	비	규	건	채	비	제	세
주	운	쥬	견	건	력	품	력	로	저	수	규	괴	접
학	세	저	과	자	주	화	문	명	과	진	니	성	과

소비자	악기
편견	공격
학자	독학
성과	생명
신년운세	상상력
춤	주제

2음절 단어 2 - SYLLABLE WORDS 1

병	올	벽	돌	병	올	병	올	병	올	병	올
병	황	병	황	병	황	병	황	병	황	병	황
싱	뻥	싱	뻥	싱	뻥	싱	뻥	식	빵	싱	빵
뱅	석	뱅	석	방	석	뱅	석	뱅	석	뱅	석
인	형	잉	헝	잉	헝	잉	헝	잉	헝	잉	헝
광	교	광	교	광	교	광	교	광	고	광	교
뉴	비	뉴	비	뉴	비	누	비	뉴	비	뉴	비
겨	시	겨	시	겨	시	겨	시	겨	시	계	시
싱	긴	싱	긴	싱	긴	싱	긴	싱	긴	싱	긴
응	환	승	응	환	응	환	숭	흰	숭	환	숭
데	박	데	박	데	박	데	빅	대	박	데	박

➡ Find 9 random 2-syllable words and then write those words in the cells. (The letters are hidden in order from left to right)

2음절 단어 2 - SYLLABLE WORDS 2

키	용	키	용	기	용	키	용	키	용	키	용
리	소	리	쇼	리	쇼	리	쇼	리	쇼	리	쇼
거	울	거	율	거	율	거	울	거	율	거	율
개	탄	계	단	개	탄	개	탄	개	탄	개	탄
셔	댕	셔	댕	셔	댕	셔	댕	셔	댕	셔	댕
발	전	발	전	발	전	발	젼	발	전	발	젼
샹	슨	상	승	샹	슨	샹	슨	샹	슨	샹	슨
항	멍	항	멍	항	멍	항	명	함	멍	항	멍
톡	서	톡	서	톡	서	톡	서	톡	서	독	서
젼	퉁	젼	퉁	젼	퉁	젼	통	젼	퉁	젼	퉁
퉁	잔	퉁	잔	퉁	잔	퉁	잔	퉁	잔	퉁	잔

➡ Find 9 random 2-syllable words and then write those words in the cells. (The letters are hidden in order from left to right)

75
3음절 단어   3 - SYLLABLE WORDS 1

섯	락	섯	가	섯	판	섯	락	편	오	론	푼
락	섯	새	섯	젓	가	락	차	편	소	런	핀
젓	수	세	미	제	밀	실	주	핀	조	린	편
준	슈	새	마	준	락	세	필	판	소	리	핀
주	섯	가	채	체	중	계	주	핀	러	쇼	리
체	준	계	준	세	준	주	뉴	누	우	남	임
료	요	옴	치	이	으	치	느	님	임	누	치
움	옴	음	료	수	치	곳	남	체	차	곳	주
옴	요	주	요	주	요	남	요	체	유	채	꽃
시	롬	싱	롬	시	지	름	신	체	유	체	곳
단	백	질	당	뱅	징	롬	싯	꼿	유	체	곳

➡ Find 9 random 3-syllable words and then write those words in the cells. (The letters are hidden in order from left to right)

3음절 단어 3 - SYLLABLE WORDS 2

이	야	키	이	야	이	야	기	키	이	야	키
서	람	서	랍	장	서	람	잔	서	람	잔	서
잔	선	인	장	잉	션	잔	키	논	키	유	키
엉	션	잉	잔	논	기	유	기	농	논	엉	놋
천	아	천	엄	친	아	엉	키	논	유	키	논
잔	랍	엉	칭	기	논	키	논	어	여	놋	야
효	덩	던	시	랍	정	쟝	자	놋	이	희	상
싱	둥	효	싱	키	와	쟈	와	산	자	화	상
신	호	등	싯	요	든	쟈	회	상	져	회	상
덩	닷	쿠	궁	구	구	단	호	겨	구	닷	성
뚜	뜨	개	질	게	징	떠	개	칠	뜨	게	질

➡ Find 9 random 3-syllable words and then write those words in the cells. (The letters are hidden in order from left to right)

77
반려견 찾기   MAZE 1

Please find my lost dog!

반려묘 찾기   MAZE 2

길 찾기   MAZE 3

DAEGU
대구광역시
DAEGU METROPOLITAN CITY

Approx. 1 hr 40 mins.

길 찾기   MAZE 4

Approx. 2 hrs 15 mins.

울산광역시
ULSAN METROPOLITAN CITY

#81
길 찾기   MAZE 5

How long does it take from Seoul to Gwangju by KTX?

광주광역시
GWANGJU CITY

Approx. 1 hr 55 mins.

길 찾기   MAZE 6

How long does it take from Seoul to Busan by KTX?

Approx. 2 hrs 40 mins.

부산광역시
BUSAN METROPOLITAN CITY

길 찾기　　MAZE 7

Approx. 1 hr 5 mins.

84
길 찾기　　MAZE　8

Approx. 1 hr.

대전광역시
DAEJEON METROPOLITAN CITY

길 찾기　　MAZE 9

제주특별자치도
Jeju Special Self-Governing Province

Approx. 1 hr 10 mins.

겨울 대표 간식   MAZE 10
Popular Winter Snacks

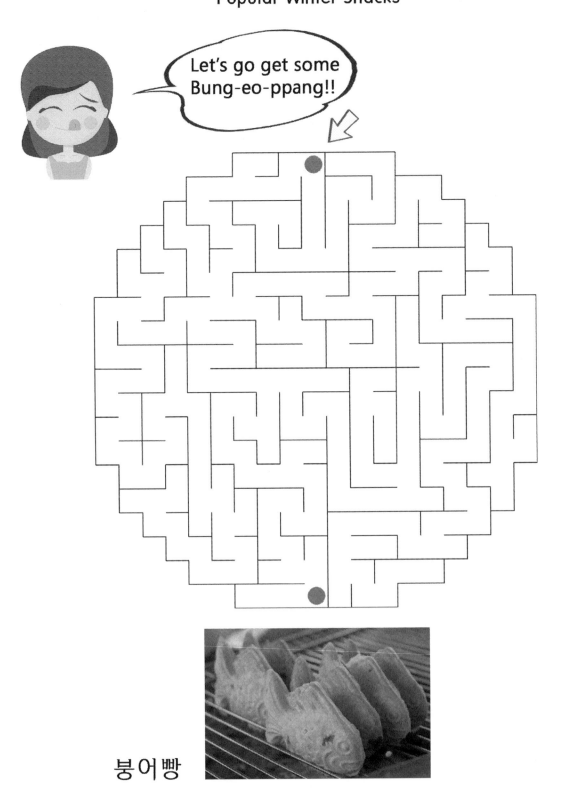

붕어빵

겨울 대표 간식 MAZE 11
Popular Winter Snacks

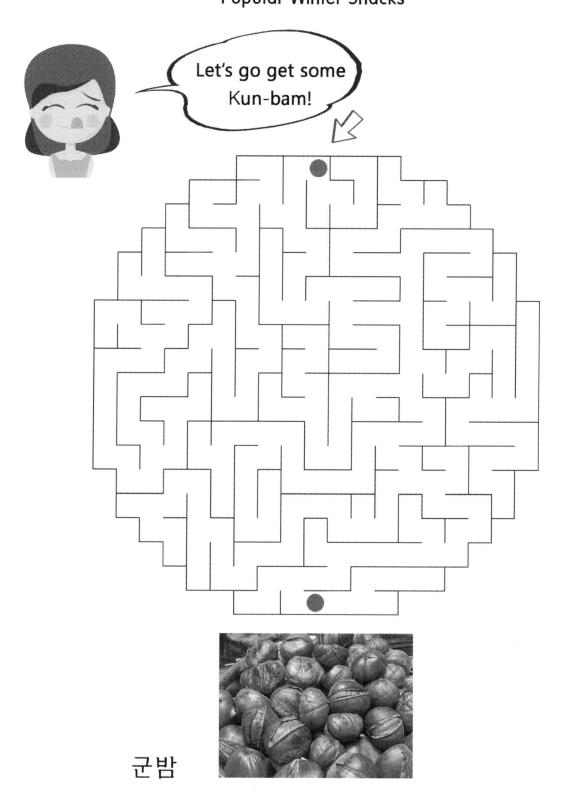

군밤

겨울 대표 간식 MAZE 12
Popular Winter Snacks

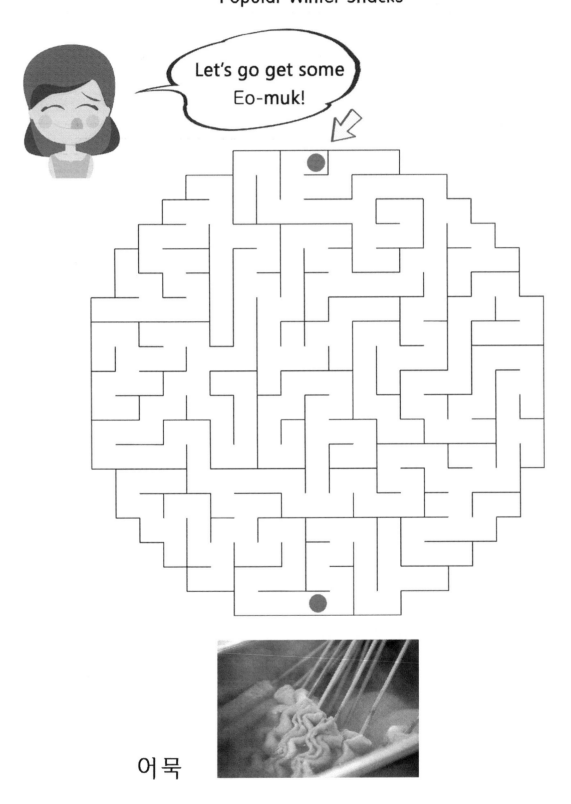

Let's go get some Eo-muk!

어묵

겨울 대표 간식　MAZE 13
Popular Winter Snacks

Let's go get some Ho-ppang!

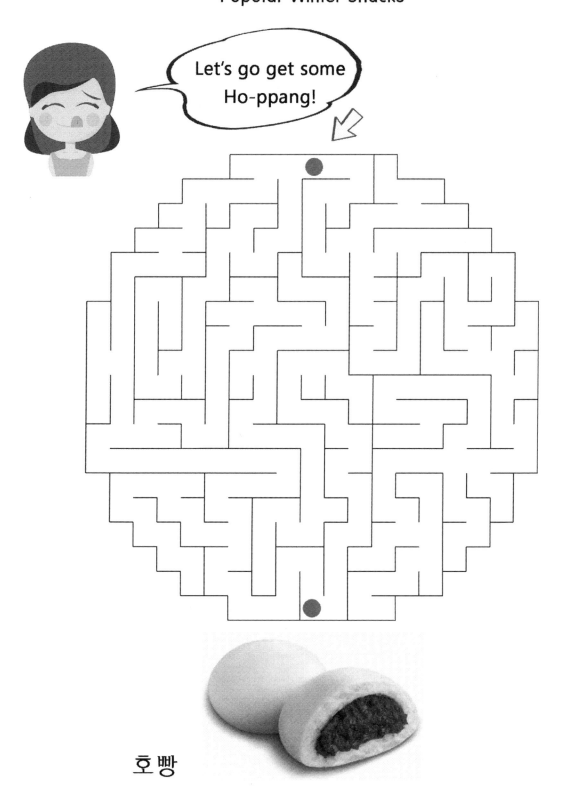

호빵

겨울 대표 간식 MAZE 14
Popular Winter Snacks

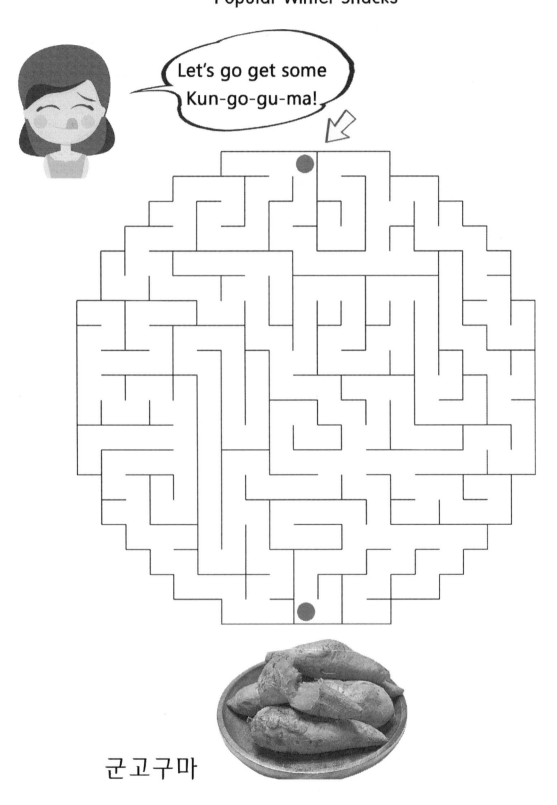

군고구마

겨울 대표 간식 MAZE 15
Popular Winter Snacks

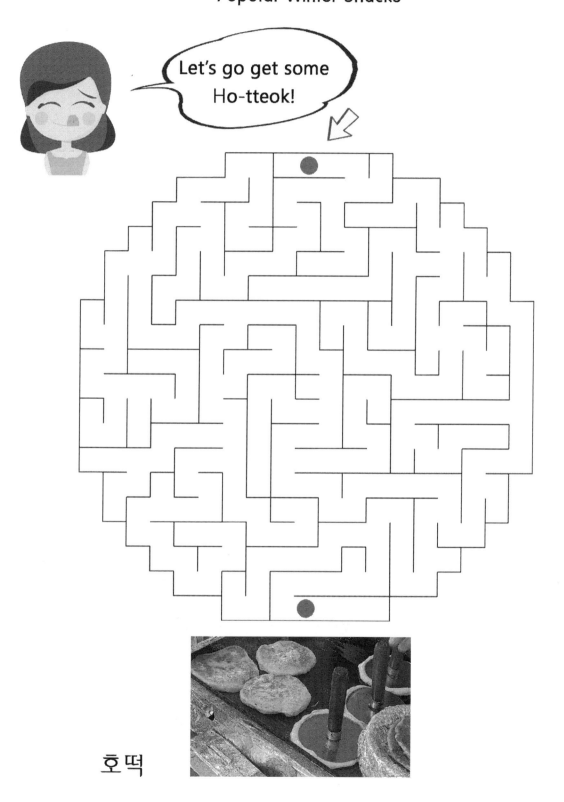

호떡

정상 오르기   MAZE 16

무등산 정상 높이
1,186.8 meters/ 3893.7 ft. high

무등산 (광주)

I will see you
at the peak of
Mudeung-san!

정상 오르기   MAZE 17

속리산 (충청북도)

속리산 정상 높이
1058.4 meters/ 3472.4 ft. high

I will see you
at the peak of
Songni-san!

정상 오르기   MAZE 18

지리산 정상 높이
1,915.4 meters/ 6284.1 ft. high

지리산 (경상남도)

I will see you at the peak of Jiri-san!

정상 오르기　MAZE 19

계룡산 (충청남도)

계룡산 정상 높이
846.5 meters/ 2777.2 ft. high

I will see you
at the peak of
Gyeryong-san!

정상 오르기   MAZE 20

내장산 정상 높이
763.5 meters/ 2504.9 ft. high

내장산 (전라북도)

I will see you at the peak of Naejang-san!

정상 오르기   MAZE 21

설악산 정상 높이
1,708 meters/ 5603.6 ft. high

설악산 (강원도)

I will see you at the peak of Seorak-san!

정상 오르기   MAZE 22

한라산 정상 높이
1,947 meters/ 6387.7 ft. high

한라산 (제주도)

I will see you at the peak of Halla-san!

정상 오르기　MAZE 23

북한산 정상 높이
835.6 meters/ 2741.4 ft. high

북한산 (수도권)

I will see you at the peak of Bukan-san!

100
정상 오르기   MAZE 24

팔공산 정상 높이
1,192.3 meters/ 3911.7 ft. high

팔공산 (경상북도)

I will see you at the peak of Palgong-san!

Answers

#1

정	주	소	갈	창	워	소	응	주	론	차	구	증	로
호	상	대	강	진	로	구	급	차	주	료	주	험	주
종	치	정	주	금	주	채	실	중	채	천	원	군	코
요	천	료	주	신	병	건	주	종	차	부	실	개	인
함	주	결	류	긍	호	험	성	웨	주	입	원	주	새
원	보	험	입	급	간	강	궁	손	검	증	성	의	세
언	번	건	주	호	후	종	원	상	투	주	절	혈	애
조	준	주	사	주	초	영	간	강	원	어	검	볼	증
응	주	의	주	강	쵸	사	금	보	순	호	술	주	월
주	봉	용	겸	중	주	술	주	험	주	상	새	험	슈
갱	주	의	선	구	수	추	한	정	처	의	보	간	봉
간	주	제	주	입	강	사	견	규	건	강	검	진	입
검	실	쥬	변	구	실	증	급	표	건	주	혼	치	접
병	변	저	서	살	주	상	언	설	증	진	짓	강	상

#2

한	맥	주	용	물	주	명	앤	섬	요	죽	준	적	채
종	지	영	환	초	사	구	액	총	주	어	주	앵	약
친	치	침	약	뚠	현	해	삼	성	한	확	인	삼	리
부	액	료	약	떨	나	소	인	샘	환	침	주	의	순
료	한	황	뚜	뜸	항	인	주	순	질	한	원	충	삼
이	약	초	주	떤	물	주	액	백	순	추	의	주	위
추	향	한	할	혈	환	혈	주	물	주	비	주	사	변
질	삼	샘	맥	존	칠	추	멀	강	별	추	요	산	체
듬	제	항	진	맹	항	약	잇	떰	팀	나	액	부	주
한	범	설	진	채	주	맥	문	범	절	오	용	항	추
춘	맥	법	추	맹	물	리	치	료	초	법	욘	츄	나
진	정	주	체	힌	주	한	혈	첨	건	교	듬	난	요
삼	실	친	주	질	전	증	중	할	깨	추	활	주	법
한	래	범	선	제	삼	상	주	하	나	초	요	알	번

#3

식	심	제	주	손	청	주	약	상	락	주	소	동	팡
주	염	순	열	간	슈	뱅	차	전	염	연	독	증	패
텅	치	수	싱	식	독	창	상	주	방	식	약	주	송
통	에	료	주	약	진	고	양	사	스	소	징	솔	손
영	처	퍼	전	파	반	주	약	급	구	입	원	방	가
패	고	젙	추	방	양	락	사	샤	주	벼	간	란	락
열	주	재	전	호	처	쵸	주	파	굽	뉴	랑	강	밴
가	규	조	공	주	골	드	실	강	급	통	솟	두	드
양	장	챙	주	고	랜	반	구	열	톨	주	반	드	레
주	소	주	창	방	주	술	중	영	쳐	진	락	둔	밴
락	양	반	멸	스	수	통	톤	양	통	주	보	털	방
독	몀	본	찾	졸	파	갈	주	제	건	강	곰	진	공
제	정	증	상	주	석	증	식	주	건	약	현	역	술
중	조	제	실	밴	학	상	신	염	제	주	연	고	액

#4

원	위	팅	성	쟁	면	마	아	줄	야	냥	뭐	워	불
주	왜	더	냉	찐	통	구	장	대	해	마	명	쟁	장
짐	치	우	롱	주	위	피	실	우	열	창	네	냉	중
통	친	장	쾌	찜	대	중	호	대	아	더	호	수	면
집	주	위	문	우	쾌	통	야	장	몽	입	푸	빙	병
중	수	준	접	팡	간	치	주	마	만	면	리	팥	주
호	홀	연	대	호	열	중	설	건	피	프	냉	친	프
우	중	장	사	다	대	프	리	카	주	장	내	앤	집
프	지	의	불	리	장	퍼	통	보	고	열	공	인	포
집	팽	야	냉	린	데	술	열	아	칼	쳐	치	험	카
분	프	우	진	태	피	중	대	우	리	머	예	열	주
불	쾌	지	수	주	서	장	열	주	앙	강	열	치	이
붕	실	열	큐	찜	열	증	톳	캉	건	월	엽	우	집
수	불	핑	치	안	통	상	아	아	주	필	주	카	호

Answers

#5

열	년	음	영	충	폭	염	위	풍	부	주	욕	파	선
포	탕	효	션	토	크	렬	므	차	체	션	주	풍	기
풍	치	음	해	함	덩	망	실	욕	오	거	기	주	더
주	슈	료	수	박	선	더	린	주	영	편	욕	무	풍
방	혜	쏘	욕	림	썬	키	덜	누	터	입	기	웨	트
풍	열	림	장	쟁	간	주	위	더	무	원	당	터	음
썬	열	럼	모	호	트	웨	주	풍	년	데	평	느	탕
음	엄	길	기	주	줄	주	에	강	썬	욕	컨	음	럼
얼	털	폼	투	부	섬	해	오	보	선	크	수	폭	탕
응	몸	장	박	주	삼	채	탱	험	컨	쎈	림	터	워
워	터	파	크	계	이	탕	컹	터	모	몽	워	욕	슈
원	주	얼	탕	썽	긴	애	버	부	폼	욕	폰	진	얼
박	실	염	썬	해	에	어	컨	채	건	터	은	샘	컨
삼	개	줄	모	섬	춰	상	창	워	게	롤	메	미	컨

#6

구	파	고	돗	릴	마	날	꽃	곰	맹	몽	목	묘	숭
군	주	주	징	꼬	온	샘	도	퍼	동	솔	도	오	런
말	치	삼	드	꽃	펼	고	실	면	온	돌	리	리	쏜
우	꽃	고	꼬	종	엄	핫	팩	까	햇	덧	령	두	초
츄	샘	섬	김	돌	업	팍	핸	꽃	처	옹	덜	하	팔
주	추	작	선	작	름	작	쌤	율	양	롬	주	족	한
워	위	셜	설	날	팟	만	름	건	한	유	퍼	제	파
주	김	제	사	궁	거	교	눈	김	전	업	수	패	면
킴	장	의	름	쿄	고	쿠	마	보	장	방	팡	설	명
낼	몸	주	목	균	우	드	셜	추	라	균	고	험	름
설	한	팽	찜	도	렴	셜	름	제	꽃	수	돌	주	살
찜	점	면	영	작	면	주	롬	명	면	강	검	진	쉬
질	실	주	질	파	절	망	주	양	건	작	방	처	돈
방	뱀	쨍	말	찜	말	상	말	샘	향	천	찐	샘	려

#7

펠	정	패	전	집	슈	롱	마	홀	로	초	술	주	코
선	시	기	낙	스	쟁	구	억	차	음	실	한	저	핫
냄	장	콩	칼	키	홀	밤	실	주	낚	눈	바	초	매
판	스	료	장	장	고	주	구	최	싯	주	코	추	쨈
셜	눈	얼	열	덩	홈	료	지	종	나	풍	원	장	폴
산	면	음	집	날	나	홀	로	집	에	키	판	전	기
민	찻	낚	낭	호	꾸	매	군	눈	람	겨	로	지	바
군	주	시	사	팡	주	밤	론	사	썰	주	씽	띵	망
주	커	의	냄	발	께	주	롱	람	주	매	짱	눈	셀
굴	션	주	빈	페	판	패	방	모	에	캉	장	길	주
귤	주	패	자	자	딩	낚	옴	솜	장	율	보	기	결
전	핫	딩	섞	선	딜	밥	주	맘	건	혼	집	모	뱀
재	실	주	펼	냄	쿡	증	설	판	건	썰	쟁	바	진
폭	빔	먼	기	비	썰	폭	포	땡	키	메	경	지	수

#8

살	찹	기	호	대	인	떡	꽤	떡	질	호	김	묵	선
순	이	츠	너	복	기	구	갈	납	컵	주	주	순	대
쥬	치	호	떡	여	배	툰	빈	작	대	명	봉	주	천
또	떡	료	묵	막	꽈	틴	민	만	면	직	탑	친	밥
효	명	소	잉	산	맹	치	솔	두	꽈	입	퇴	소	광
떨	언	맨	떡	샅	간	바	둘	떡	주	꽹	사	갈	트
붕	되	두	도	소	성	돌	뚠	건	복	딱	꽤	장	버
튀	컴	추	사	악	치	싸	튀	산	복	이	묶	어	사
김	컵	의	덩	죽	떤	랑	쿡	엘	부	순	복	튓	로
밥	발	푼	감	베	주	술	주	럴	꼬	구	쑨	험	카
처	불	주	밧	나	꽈	시	쌀	주	치	크	보	슬	틴
반	핫	구	설	콩	만	싼	독	깐	건	챕	검	진	튀
퇴	실	도	써	잔	찹	쌀	도	너	츠	채	리	떡	검
순	묵	됴	그	뻘	금	상	걸	풍	널	짜	면	고	밉

Answers

#9

맥	광	과	엄	회	래	피	언	걸	이	냉	국	강	홈
전	줄	음	원	쌀	미	구	일	차	금	전	술	주	어
김	이	져	문	막	진	가	과	핑	주	주	랙	고	주
탄	재	료	어	걸	주	과	형	미	정	불	호	주	래
금	산	광	주	리	티	스	실	태	자	음	원	오	징
긍	포	해	래	슈	간	치	맥	주	하	아	볶	피	리
균	장	주	주	호	야	크	소	건	전	운	팝	대	병
소	마	검	선	주	취	고	주	강	걸	채	주	걸	장
절	차	의	제	고	정	숙	중	보	대	려	탈	젤	탕
탕	편	주	찬	탄	폭	술	금	폭	밤	리	순	래	교
지	퐁	차	주	양	안	싱	탄	데	다	불	운	혜	탐
세	마	쏘	파	정	준	주	랑	해	물	파	전	뭉	
쑥	숙	취	치	숭	안	증	엠	장	건	칭	천	패	푸
웅	잔	추	물	해	양	량	비	알	맥	음	스	서	프

#10

삼	쇼	동	빠	생	주	친	조	척	멀	친	막	명	네
주	철	숭	칭	친	생	구	캐	차	눈	주	내	맑	망
할	치	촌	척	는	버	은	카	누	요	사	냉	애	뻔
주	니	료	주	여	언	이	나	날	돈	오	천	현	환
아	형	주	촐	행	앤	내	노	녹	돌	할	아	막	고
죠	협	생	님	엄	간	주	네	막	식	미	할	이	모
주	머	국	머	호	할	아	버	지	반	떵	인	도	셍
조	니	욕	사	언	현	머	언	강	마	빠	독	동	생
죠	카	옹	연	행	호	카	니	보	친	빵	빤	척	솔
중	마	캘	닝	니	주	술	주	험	배	올	츤	험	주
첫	섬	삼	촐	언	영	오	안	요	오	고	보	마	촌
상	사	촌	할	주	핸	주	아	빠	건	미	얼	진	매
누	실	주	빠	건	싱	증	식	만	건	삼	엄	엽	충
촌	아	버	주	지	머	구	돈	돌	빠	초	할	마	마

#11

광	효	려	화	립	링	러	릴	영	드	주	별	점	뱅
홍	갱	앵	선	영	리	료	스	차	용	랙	하	립	호
얘	치	주	독	화	평	뷰	러	관	질	환	완	배	여
메	주	료	주	러	혼	딘	줄	성	여	운	견	연	배
갱	러	랜	호	션	주	엑	액	인	뱅	러	원	울	우
관	광	걱	뉴	옹	간	라	션	전	빼	공	릴	맨	로
곽	객	회	주	호	홍	주	별	건	점	매	주	배	유
막	사	맨	멘	맹	예	까	주	강	민	예	아	주	호
시	회	로	맨	틱	코	메	디	보	와	먹	맥	스	콩
러	장	릴	황	릴	요	오	화	험	장	자	막	점	오
자	일	뽀	수	사	횡	주	매	주	르	니	변	롱	피
미	열	포	코	타	로	관	괄	떡	겅	콘	평	로	쩜
팝	실	화	스	릴	러	화	매	세	립	감	콜	박	평
표	까	탄	만	독	립	영	화	평	론	알	라	스	론

#12

베	제	드	재	뺑	생	성	송	주	링	막	먹	자	거
방	먼	능	주	방	시	청	라	차	연	비	마	묵	주
송	치	쏭	송	변	송	재	실	자	주	티	미	트	럭
예	랑	료	인	생	쿠	배	주	동	준	에	너	블	홈
상	막	짱	주	뀨	방	러	슈	관	다	스	원	유	뉴
왕	장	맥	뉴	주	누	테	주	플	버	이	룰	스	주
주	드	시	연	호	먼	성	본	건	터	쌩	번	더	골
돗	라	드	사	급	방	식	능	강	주	먹	별	앞	산
짐	마	의	왜	주	본	세	예	보	첼	주	추	온	양
매	드	주	청	먹	방	술	인	월	챙	퀴	주	험	방
생	줄	시	천	멱	사	썰	방	색	연	재	연	주	주
막	장	청	광	공	수	송	백	류	결	갱	늉	예	추
언	실	률	광	고	주	증	본	주	건	티	능	추	인
동	봉	몬	애	교	특	상	각	유	블	석	생	예	주

Answers

#13

#14

#15

#16

Answers

#17

틈	특	성	화	고	교	행	급	행	주	물	주	생	회
교	주	선	특	화	요	구	군	차	턱	등	학	괘	독
고	치	션	곤	과	학	행	실	적	톨	웡	리	서	싱
선	외	료	화	홍	여	독	화	주	여	산	예	표	정
시	기	팽	훈	학	금	목	성	밖	주	입	원	괘	학
녀	주	한	수	웜	원	월	주	멈	여	괸	관	외	왜
싯	행	능	핸	행	혈	쇼	주	건	신	강	과	와	회
실	눙	논	사	명	평	주	홈	강	렬	롬	워	할	앨
대	설	원	곡	등	원	가	주	열	토	영	원	리	진
지	등	수	열	여	행	술	공	험	폴	티	링	평	주
늘	유	급	돌	큼	수	화	곰	광	석	성	가	계	철
팽	포	산	동	교	껄	신	서	생	학	적	포	옥	독
간	내	신	등	급	주	증	실	괘	여	표	롤	서	돛
화	실	성	고	행	글	상	특	널	주	폰	실	살	세

#18

얼	방	익	바	반	저	공	캣	타	캠	금	자	대	성
뺑	치	주	철	알	출	구	점	차	퍼	주	편	청	숭
알	친	익	춰	신	츈	출	실	슬	스	금	후	인	춰
토	킥	료	금	춘	대	주	재	주	커	금	후	익	툐
한	핵	햄	검	금	주	제	캠	픈	플	팔	원	익	주
후	휴	주	자	숙	간	업	강	곰	햐	사	양	학	토
얼	여	학	연	수	라	묵	얄	건	주	님	연	사	플
점	점	안	금	후	학	교	고	대	충	교	숙	장	주
정	절	취	업	주	수	양	영	보	수	기	신	학	머
갱	걸	쉬	주	님	관	과	동	순	퍼	애	연	금	스
수	경	엽	알	돔	수	목	주	교	주	틀	익	공	슉
강	주	리	이	도	주	동	큼	콜	전	캉	출	진	익
신	실	알	동	주	아	증	주	공	콩	수	턱	청	업
청	신	벼	아	리	레	상	전	부	강	학	주	퍼	기

#19

파	정	랑	롬	현	엘	둥	발	건	점	주	파	표	퍼
검	홍	록	쵸	연	주	구	간	차	런	랑	주	설	닌
촌	초	룡	영	두	빨	깅	생	주	뇨	노	패	랑	연
론	호	료	수	열	주	전	래	란	주	짚	붕	주	드
혼	초	보	뇨	검	염	야	노	분	람	야	공	홍	초
촉	노	랄	환	쩡	간	얼	파	주	여	혼	주	불	주
정	련	화	건	호	곰	주	레	건	남	홍	환	쥬	환
패	란	껌	검	정	련	떤	두	야	뷰	분	벗	러	록
소	랑	쟁	겸	주	황	영	보	람	홈	주	번	주	발
콰	주	오	뺄	준	환	술	두	광	변	벙	수	켬	래
파	흉	노	뺄	갈	랑	주	보	봇	야	부	야	볼	팬
홍	전	겸	빨	주	퍼	봐	봉	라	파	빤	랭	진	빠
랑	실	피	주	강	선	증	주	요	란	광	윙	탕	팍
병	래	삭	주	갈	깅	회	경	과	야	왕	냉	통	직

#20

블	빔	개	익	히	게	홍	단	찬	동	랙	단	송	붐
네	비	게	이	션	설	구	채	차	속	힛	추	주	차
레	반	선	패	주	차	달	실	게	고	재	한	후	주
랙	속	료	불	백	주	당	휴	속	주	캐	주	속	댕
택	자	섯	블	워	스	도	인	숭	하	제	원	비	과
휴	지	동	아	랙	간	로	주	이	주	세	훈	쇼	테
허	주	방	주	한	박	세	패	건	파	해	휴	주	료
차	단	주	사	탠	자	스	포	강	턴	주	후	게	주
주	세	의	과	동	휴	랙	속	보	호	후	주	유	소
과	태	료	세	게	비	술	고	제	동	순	위	험	주
속	단	차	주	권	태	속	도	료	주	신	재	소	박
방	게	하	져	속	도	제	한	발	호	선	박	태	수
지	실	로	반	로	오	전	함	위	뺀	워	세	신	번
턱	당	션	방	솔	속	상	반	뺑	지	처	크	효	휴

Answers

#21

충	차	쟁	연	쇼	울	층	응	판	와	이	파	이	일
츰	멸	층	간	소	음	운	와	차	새	주	펴	분	층
주	치	춤	택	세	주	옴	실	밍	미	왜	배	리	고
청	필	료	베	장	잘	온	매	울	세	명	지	음	주
리	주	은	주	잔	주	라	핑	쇼	먼	입	원	베	식
부	소	차	채	핀	간	인	신	택	지	새	택	본	분
히	시	식	인	호	권	쇼	소	과	생	하	쇼	리	불
비	멍	음	사	온	생	핑	주	밀	역	배	수	겨	주
주	달	의	지	비	충	감	권	인	어	거	벼	차	링
리	간	에	역	걱	주	술	라	구	아	순	건	미	장
먼	충	세	면	바	수	식	석	촌	총	애	세	헛	와
셔	권	궈	턱	주	음	응	인	고	층	아	파	트	주
핑	실	주	택	달	운	귀	라	쇼	건	공	간	하	아
병	연	세	배	주	베	농	란	것	층	크	소	튼	핑

#22

이	짐	극	영	밍	연	일	이	생	진	왜	주	일	직
새	출	국	엄	쿡	주	구	굼	차	주	주	퇴	줘	퇴
연	치	민	면	영	큼	꾸	력	라	아	직	적	왜	토
이	력	연	급	진	주	랙	랭	력	금	주	춘	퇴	징
주	세	금	근	승	력	충	서	곰	춤	입	원	에	출
굼	사	장	닙	업	간	국	퇴	식	열	제	주	산	권
연	급	주	삼	호	전	주	세	건	후	주	휴	재	신
선	휴	주	승	진	숭	민	주	강	주	가	주	보	뵤
새	곤	의	과	질	주	성	보	이	간	혁	험		죠
언	금	주	신	천	금	과	역	험	가	주	재	현	열
열	업	장	출	주	수	급	쇠	군	주	일	보	셜	련
영	주	님	력	승	근	연	균	주	사	강	열	진	주
주	실	주	금	령	국	증	주	장	건	영	연	직	력
걱	민	언	승	민	산	상	님	휴	가	일	산	실	장

#23

화	거	사	님	퐁	주	대	예	근	일	급	레	쳐	초
래	말	주	정	산	송	구	건	차	주	거	래	처	업
면	치	연	주	하	주	직	실	애	겨	것	뢰	주	섭
처	주	말	당	적	표	주	회	주	뢰	주	외	상	충
망	차	출	올	표	상	화	당	사	주	입	원	권	천
저	금	자	업	돼	간	산	퇴	대	철	명	당	찍	곤
업	염	영	역	호	월	출	근	건	천	얼	주	말	주
소	단	업	사	원	제	이	주	야	청	원	월	원	삽
퇴	표	자	연	안	원	씨	버	말	법	급	초	차	새
되	주	화	언	직	웜	술	주	언	댈	남	왕	험	퇴
금	연	주	단	주	수	말	네	주	포	여	근	포	곱
자	님	말	주	춘	산	단	쳐	데	아	금	대	진	월
역	정	닥	정	아	거	레	겨	주	월	녁	표	만	펴
근	회	말	적	산	대	상	단	직	원	널	님	넘	급

#24

이	쇼	돼	징	앵	강	양	범	송	앵	떠	연	쉬	영
띠	주	지	되	띠	욘	구	성	차	양	숭	용	줘	주
랑	치	띠	왜	떼	주	또	호	론	욘	띠	랭	효	띠
혼	게	료	연	랑	때	뚜	혹	롤	이	다	말	만	진
이	떠	주	띠	덕	맬	마	연	숭	토	입	원	낑	되
띠	주	이	닭	주	간	뱀	원	맴	몬	때	통	떼	끼
호	툐	뚜	닥	쥐	줘	주	떠	건	웡	범	큰	버	성
코	쇼	혼	돼	준	띠	결	주	강	띠	빔	주	닭	띠
토	주	의	멸	소	낄	끼	영	떼	롱	홍	띤	만	떤
숭	끼	쇼	뱀	번	떠	띠	향	험	주	호	경	현	몰
떠	원	띠	봄	면	수	송	뚜	애	렁	주	보	떠	닭
도	다	띤	탁	쥐	강	개	주	이	윙	랑	돼	진	탁
때	실	띠	게	떼	주	증	띠	주	컨	주	재	띠	영
병	주	랑	파	손	토	상	주	양	주	때	띨	주	뚜

Answers

#25

```
단 칭 비 한 샤 놀 삼 샘 이 알 팝 접 쉬 블
신 주 시 주 방 접 구 겁 삼 겹 살 면 놀 앞
갈 치 압 이 묘 걸 간 갈 홀 방 미 모 져 접
주 깬 놀 주 모 남 빔 비 채 상 벤 압 젬 시
갑 솔 인 깻 남 님 외 판 쌀 츄 링 원 이 개
껫 닚 뱅 마 주 간 가 추 워 마 고 쌈 냉 명
주 불 블 섬 호 랠 위 거 건 가 주 안 패 채
깻 링 령 앞 놀 발 이 쉬 위 겨 기 맛 위 강
깐 잎 의 히 벨 주 원 주 보 블 자 체 파 주
결 비 당 힌 쟁 방 술 장 험 주 집 채 웅 있
간 식 링 한 주 뺄 주 쌈 추 상 생 썸 한 어
주 방 불 우 치 됭 갯 산 춘 랭 강 패 진 방
될 실 되 쌈 종 게 증 케 냉 랜 명 주 파 천
모 이 단 된 장 찌 개 지 면 민 링 벌 체 판
```

#26

```
캠 터 민 틸 컴 캔 피 키 습 커 매 카 커 키
전 소 리 표 퓨 큐 구 에 어 프 라 이 어 주
탁 치 다 엄 터 팀 턴 실 틴 커 메 주 프 서
고 분 료 주 미 리 다 팀 스 피 탁 어 종 기
냉 오 청 정 전 어 대 무 커 타 입 라 틱 빔
새 틴 소 환 거 간 정 데 주 대 일 상 자 레
세 탁 기 슴 호 빔 비 소 건 비 패 러 타 인
쉐 서 순 습 주 화 휘 전 정 슈 건 폐 세 전
정 븐 의 간 가 강 피 조 보 수 조 가 주 자
녕 장 교 척 냉 프 식 기 세 척 기 전 척 레
의 앤 마 슨 장 수 싱 피 수 정 뮤 무 주 인
자 어 유 주 고 생 커 화 청 건 기 상 진 지
전 회 오 븐 공 정 마 기 주 타 라 수 어 민
데 청 언 스 팀 다 공 안 마 의 자 거 자 공
```

#27

```
툐 토 스 터 준 청 전 음 주 밥 솟 처 텔 리
빈 퓨 린 슈 퓨 킨 구 식 솥 민 청 주 레 비
빔 프 로 젝 터 컴 전 실 기 성 믹 써 비 긴
쿤 잉 료 젱 트 수 북 솥 먹 서 쿨 본 전 물
덕 차 인 주 션 익 빕 트 기 쿗 입 린 풍 제
주 덕 주 써 덩 간 제 쎠 노 음 프 태 봇 슛
션 장 교 인 호 습 태 재 건 전 주 블 풍 롯
킴 냉 썬 사 컨 전 주 에 물 기 핀 릿 트 음
김 레 헤 에 주 주 어 주 닛 주 습 피 북 식
치 텔 어 믹 컨 써 술 테 불 전 소 시 믹 물
냉 컨 드 주 쿨 수 주 렌 주 자 칭 제 주 처
장 밥 라 레 컨 시 선 뎌 료 본 강 천 습 리
고 실 이 터 선 에 증 풍 주 로 봇 청 소 기
병 터 기 풍 피 어 상 블 기 주 레 컴 퓨 어
```

#28

```
엉 목 콘 릅 뒤 덩 군 머 썹 주 루 허 반 덩
중 탈 수 구 무 뺄 눈 발 가 락 랙 박 구 리
목 치 톤 릎 뮤 벌 박 르 매 강 주 지 앤 나
카 이 앵 어 생 주 마 만 가 류 눙 중 데 래
댕 통 덩 이 게 속 정 깨 현 주 속 원 광 몸
번 방 영 엉 송 간 손 톱 소 눈 히 단 뼈 벅
덩 전 리 언 호 톰 목 름 썹 본 관 대 주 락
어 속 지 호 허 락 인 주 강 벅 광 숑 배 뼈
깨 꼬 의 벅 로 못 논 목 보 뼈 지 팽 서 구
주 개 존 번 허 락 술 릃 옆 쉿 광 픞 리 석
고 룬 머 리 달 섭 섞 퉈 엽 오 벅 보 눈 인
마 주 푼 구 다 콩 언 엽 대 뒤 통 수 진 발
코 래 억 옆 주 께 중 중 식 건 동 통 섭 엽
머 몽 교 중 속 르 인 주 톤 마 리 되 중 편
```

Answers

#29

꼽	드	눈	리	콧	가	주	응	멍	이	썹	선	잇	간
섭	먼	콘	주	년	정	구	눈	차	자	주	이	입	앱
군	치	가	콧	주	락	잇	썹	몬	온	덩	정	주	인
주	코	료	뺄	구	간	겨	운	녕	눈	눙	굴	명	락
목	주	면	락	영	멍	인	곱	주	동	입	모	주	미
반	리	구	종	동	간	랑	공	돈	자	군	가	간	선
어	아	몽	랑	목	주	아	궈	건	꼽	구	콧	갓	강
매	종	송	사	주	발	리	이	강	먹	강	볼	종	미
간	손	동	렁	드	뱅	곰	눈	배	곤	미	구	귀	위
쫑	애	랭	주	못	썹	술	굴	꼽	귤	걸	굼	골	꾼
겨	드	랑	이	주	별	얼	주	언	먼	동	금	송	끔
본	두	인	룽	강	주	열	얼	리	송	손	가	락	턴
싯	실	잇	간	종	정	증	턴	목	몬	간	배	권	련
거	묜	몸	쟁	몽	강	상	손	턱	동	베	봇	본	볼

#30

초	진	안	입	순	개	조	솜	주	뿜	주	텅	습	베
친	전	천	올	술	주	구	해	차	리	청	탁	주	닥
치	장	죠	반	뺌	애	이	마	주	술	장	슈	정	성
수	습	료	든	꺼	허	키	매	러	머	닥	수	며	우
바	판	정	보	등	동	주	수	개	주	리	원	려	종
폴	베	배	주	풍	간	장	거	뒤	시	력	카	꿈	설
보	뱅	레	공	호	카	던	기	아	치	주	랑	락	주
거	습	주	사	골	반	아	년	뻔	주	꿈	주	렬	바
섬	가	의	끌	입	번	송	바	락	빤	주	팔	까	거
조	송	손	덩	골	방	술	주	뺌	주	범	주	치	습
허	수	주	바	주	눈	주	매	밤	주	알	꿈	주	굼
러	리	머	비	닥	거	꺼	필	마	허	뒤	궁	덩	현
혀	실	봇	게	닥	눙	층	풀	주	발	쿰	뒤	치	뒷
한	본	보	조	개	푼	판	이	방	주	벌	뒤	습	칭

#31

빅	해	수	비	주	욕	숙	광	내	피	핏	주	여	횡
슉	빙	내	녀	행	주	구	혜	차	건	서	연	객	성
숙	박	시	설	걱	기	장	공	샌	내	여	지	국	햄
개	곡	료	얼	설	주	찰	욕	혜	연	안	주	선	행
계	곤	비	영	시	왜	저	욘	수	방	입	산	새	명
과	석	슈	박	점	간	연	전	서	해	애	어	샌	재
바	고	닷	슈	호	수	셜	잔	건	외	왜	잼	명	면
옹	황	공	쑥	행	백	영	용	강	여	중	공	세	박
당	해	항	주	경	여	주	장	보	행	면	점	주	광
바	다	화	요	황	해	술	서	여	쿡	휴	관	개	곰
버	대	어	여	권	숙	박	내	네	곡	잔	곡	항	황
권	관	주	오	권	서	국	방	쿡	객	정	복	진	보
쾡	광	외	권	원	주	증	산	영	계	뵤	영	행	영
갱	객	개	사	여	슈	상	곡	가	콕	봉	수	버	권

#32

힌	충	공	체	석	널	처	체	현	채	데	추	린	살
허	탕	휴	형	터	휴	구	채	차	절	간	석	절	틴
일	치	혯	현	채	링	턴	균	벌	복	봄	리	인	날
빨	널	충	헌	커	광	탄	성	섬	선	빨	용	여	마
린	일	휴	공	체	대	알	설	설	간	입	크	오	충
싱	신	탄	덩	요	어	린	이	날	넌	링	션	주	널
금	탄	데	후	크	여	클	글	건	신	정	정	황	곰
형	가	절	사	리	근	한	침	강	복	오	냄	남	삼
연	석	탄	빨	스	금	이	날	얼	휴	대	님	주	잇
충	왕	섬	삼	마	신	술	휴	연	주	요	엄	처	수
황	쾡	북	일	스	년	강	금	곤	천	싱	봉	차	부
윙	광	복	절	수	삼	황	후	부	성	크	러	스	어
현	실	스	샘	탄	틸	증	석	쳐	탕	날	무	님	린
일	광	봉	복	쭈	성	상	영	주	일	닐	샘	한	굴

Answers

#33

털	핑	기	호	대	인	퍼	마	조	질	호	김	묵	선
순	이	초	빅	끼	기	구	갈	끼	컵	주	주	단	대
쥬	차	타	벽	여	털	틸	스	작	츠	명	봉	주	화
하	이	힐	단	신	칭	프	민	만	셔	직	탑	친	목
효	원	재	잉	캐	원	치	뵤	두	술	입	작	소	당
셔	제	복	봉	피	간	바	모	자	주	젬	사	갈	야
봉	되	두	스	소	성	말	표	건	명	주	생	상	버
앞	바	배	카	악	반	씨	면	산	주	이	점	어	사
감	말	버	프	죽	떤	바	벡	텍	부	퍼	복	치	로
양	발	면	감	베	지	술	지	럴	술	구	점	장	카
처	압	르	밧	스	모	시	모	주	치	슬	피	슬	틴
반	앞	치	마	콩	만	싼	독	츠	건	리	작	진	치
퇴	실	정	써	잔	점	야	산	너	펑	퍼	리	업	검
순	장	됴	그	자	금	상	걸	양	널	짜	면	고	복

#34

살	샌	기	호	벼	선	우	규	불	송	속	옷	묵	선
순	이	생	너	버	베	구	갈	납	청	쇼	옹	이	대
쥬	치	코	고	여	배	라	챙	블	대	명	막	주	천
교	쟁	트	투	샌	생	틴	민	라	둥	터	턴	친	카
효	장	소	잉	산	들	코	솔	우	웨	티	웨	소	디
화	언	맨	청	살	간	바	둘	스	주	츠	사	갈	건
윤	동	두	지	소	성	건	복	건	서	주	카	장	버
바	화	운	바	악	치	후	드	티	주	이	시	어	사
김	운	비	청	죽	터	랑	반	띠	부	순	바	티	로
숭	발	바	천	베	주	신	인	리	내	구	내	등	카
처	덧	쳐	람	나	덧	시	궤	옥	복	크	산	슬	틴
반	핫	치	메	막	만	싼	독	드	건	화	띠	진	마
하	실	마	친	잔	이	후	도	장	회	채	리	라	검
순	묵	아	그	뻘	금	트	걸	허	리	띠	면	고	람

#35

엉	목	문	릅	뒤	덩	군	머	썹	주	루	허	반	덩
중	탈	화	구	칼	굴	눈	과	가	쪽	랜	박	대	야
목	치	유	채	벌	박	풀	매	강	파	지	앤	나	
식	임	산	어	생	주	과	만	가	대	눙	중	데	래
음	굵	부	이	게	김	치	통	현	주	속	원	광	몸
효	방	은	귤	송	간	포	퍼	소	눈	다	단	룻	벅
발	전	리	소	참	쌀	풀	름	썹	젓	관	진	주	락
굵	속	은	호	금	락	인	주	우	벅	광	무	마	뻐
대	양	파	참	르	못	논	새	보	뻐	지	랭	서	늘
주	개	존	절	쌀	락	멸	릇	옆	섯	꽝	픔	라	고
고	룬	임	소	달	섭	섞	치	엽	오	벅	보	촛	인
마	배	퓬	루	근	생	언	엽	액	멸	우	가	진	발
추	래	억	젓	주	강	증	젓	석	젓	루	통	섭	엽
머	몽	교	중	속	르	풀	주	톤	마	리	되	중	편

#36

복	해	수	경	주	욕	숙	광	내	주	경	주	여	청
쿡	국	립	고	궁	박	물	관	차	건	서	연	객	성
돌	립	시	묘	걱	돌	창	공	저	내	여	자	궁	공
개	민	면	구	화	주	잘	복	목	연	안	경	선	행
계	속	바	강	시	복	저	건	궁	덕	창	청	희	명
송	박	암	박	점	간	연	복	서	한	애	어	샌	궁
바	물	창	슈	호	궁	경	물	건	석	왜	잼	교	궁
옹	관	궁	쑥	행	백	수	용	강	여	암	공	물	박
촛	해	올	주	경	여	주	덕	보	박	면	립	복	한
화	다	종	요	쥬	해	온	시	묘	용	박	관	개	곰
목	대	묘	복	주	촛	돌	올	네	곡	잔	박	항	황
영	조	주	오	궁	서	목	방	궁	객	정	석	진	보
연	복	건	권	덕	주	중	궁	영	강	화	복	행	보
갱	궁	개	물	여	권	결	곡	가	콕	봉	묘	물	관

Answers

#37

떠	루	렁	딸	랑	딸	랑	펄	럭	콩	경	주	럭	쫓
쿡	따	펄	고	쩍	박	보	콜	차	건	서	펄	쫓	펄
돌	르	시	콜	걸	돌	창	글	벙	내	럭	지	궁	칙
개	룽	면	구	록	빵	잘	복	보	펄	딱	팔	칙	행
뚝	덜	비	강	사	콜	저	벙	럴	글	팔	폭	희	쪽
덜	거	덕	덜	거	덕	록	복	서	한	폭	어	첨	팔
바	거	창	댈	딱	뚝	방	물	퐁	석	왜	벙	교	궁
옹	빵	궁	똑	땅	백	덩	용	당	여	첨	공	물	찰
빵	벙	올	추	딱	여	퐁	랑	퐁	벙	면	립	칵	덕
화	다	쩍	요	쥬	똑	똔	덩	당	병	박	찰	컥	곰
빵	대	엉	복	렁	골	딱	올	떡	곡	칵	덜	칵	황
영	엉	추	오	쿵	서	목	쨍	궁	쫓	옹	퐁	탁	보
연	쿵	건	쿵	덕	주	그	콜	영	쫓	옹	덜	거	탁
엉	궁	개	당	여	랑	책	곡	가	콕	봉	묘	물	관

#38

엉	금	엉	금	주	욕	쓴	으	쓴	으	경	주	말	렁
쿡	쨍	번	짝	아	끄	틀	실	차	주	서	랑	주	성
뒤	랑	말	묘	걱	비	창	공	저	내	룩	지	틀	공
뚱	쑥	랑	구	틀	주	잘	덩	실	덩	실	주	선	행
뒤	되	말	비	시	복	저	건	랑	덩	짝	청	록	명
뚱	렁	랑	락	엉	간	연	쑥	서	말	오	어	럭	락
바	장	창	모	근	물	틀	물	쨍	석	글	물	교	궁
옹	쩡	쨍	락	언	끄	장	용	쨍	여	오	공	오	박
아	이	올	모	근	잇	주	끄	보	박	글	반	엉	물
화	장	깃	요	솔	해	깃	물	룽	슬	짝	관	개	곰
쑥	물	아	솔	락	끄	뒤	끄	네	반	둥	록	항	으
영	뚱	오	장	깃	서	목	물	짝	금	실	틀	쑥	보
연	어	슬	렁	어	슬	렁	닥	영	강	화	으	행	영
갱	궁	개	글	여	다	닥	다	닥	콕	쑥	묘	물	관

#39

향	주	소	갈	그	도	소	연	향	도	차	구	료	로
면	상	대	강	진	로	경	수	차	주	지	로	워	주
종	치	위	그	금	주	채	바	중	채	상	원	군	시
니	천	료	릇	신	병	건	자	종	실	권	이	장	인
함	푼	채	류	릇	문	구	성	문	주	뭉	권	위	슈
위	료	상	입	건	도	강	조	이	품	증	성	의	향
언	권	건	넛	호	구	품	둥	상	니	견	릇	도	애
배	준	릇	사	동	위	늦	구	지	원	어	검	니	증
바	구	니	둥	강	이	주	위	보	순	문	술	주	품
둥	봉	권	내	중	화	술	로	뮨	몬	상	새	품	슈
둥	저	회	산	채	수	도	한	정	처	의	보	간	봉
간	주	체	수	텅	강	사	권	규	건	채	상	품	권
주	뮨	쥬	향	건	실	품	지	로	건	수	규	도	접
늦	동	저	양	자	주	화	문	기	술	진	니	강	상

#40

출	심	제	리	터	텅	문	터	상	락	지	행	동	루
출	지	순	울	간	슈	물	티	슈	면	전	아	증	출
자	치	수	싱	식	아	주	실	건	방	주	빗	주	송
저	에	료	자	쓰	갑	슈	양	사	스	자	징	물	생
영	처	장	전	장	쑤	주	전	급	루	입	장	감	가
갑	고	망	추	스	지	쓰	사	샤	일	고	잉	란	면
연	치	재	전	루	처	레	주	자	굽	자	성	강	생
항	래	조	리	우	일	기	장	강	일	빙	솟	일	드
양	장	출	교	고	무	장	갑	셍	무	주	반	드	무
건	소	항	레	방	일	루	감	영	처	아	밧	둔	주
락	앙	컵	슈	컵	갑	기	라	양	면	주	항	생	방
컨	라	루	리	라	생	빗	경	건	전	지	곰	진	공
주	애	아	상	면	석	증	식	컴	전	출	래	역	면
물	향	티	산	밴	학	상	자	건	제	주	명	고	저

Answers

#41

물	위	갬	성	유	성	대	검	줄	야	연	감	워	물
주	쇼	더	기	소	외	수	이	대	해	마	소	쟁	장
짐	치	을	화	용	쟝	깎	감	깎	열	물	네	냉	주
지	소	탁	세	천	대	물	간	아	필	더	주	수	을
집	화	회	문	탁	소	을	야	탁	롱	연	푸	표	뇨
중	기	준	연	익	이	치	슬	노	필	면	주	대	문
운	영	장	대	식	정	중	원	건	결	주	용	친	프
문	깍	울	사	용	대	데	리	고	데	장	천	앤	세
고	필	감	영	유	장	증	렬	보	지	포	공	인	포
집	쾅	수	뱅	필	이	술	열	대	래	처	치	험	청
분	증	식	유	태	정	주	뇨	얼	리	필	포	천	정
감	연	지	수	정	표	레	열	주	을	강	검	진	장
수	실	원	표	감	성	증	톳	노	건	탁	엽	우	늘
선	수	핑	고	노	울	상	아	아	주	필	원	노	호

#42

주	년	주	추	충	폭	염	질	풍	부	전	욕	파	선
포	구	독	건	찬	크	동	문	차	억	션	서	판	기
전	치	옥	룡	이	덩	망	실	추	오	거	기	질	더
샤	슈	전	용	서	주	더	린	고	영	편	성	독	성
방	반	츄	욕	친	용	키	역	누	웅	공	억	용	카
친	열	주	억	용	셔	전	추	더	무	사	전	터	찬
욘	열	렴	천	온	슈	서	주	건	이	문	평	느	구
음	찬	길	기	악	줄	용	에	드	공	처	억	음	신
얼	신	폼	문	부	드	선	친	보	공	절	수	주	탕
응	사	반	욘	주	신	질	주	찬	성	쎈	림	험	공
약	수	독	절	용	선	탕	반	터	곤	사	절	역	슈
질	주	두	카	절	공	애	번	부	천	친	공	진	얼
박	실	드	커	잉	수	악	용	채	건	터	은	샘	우
심	카	줄	모	섬	찬	상	창	워	게	롤	메	미	공

#43

청	학	쇼	희	그	학	소	울	주	도	차	구	책	로
먼	친	대	소	과	로	희	산	차	주	지	망	워	만
종	치	청	례	괴	주	영	웃	청	술	상	원	군	시
니	천	료	미	신	과	건	주	마	실	소	이	장	희
웅	과	채	착	소	학	구	솔	과	수	끼	권	주	망
위	영	산	마	건	도	론	산	웅	운	증	성	의	회
언	책	숭	영	이	구	책	통	상	니	고	희	도	애
배	준	미	래	동	토	연	구	께	원	백	검	니	증
영	구	니	도	청	학	룡	위	보	순	끼	술	주	깨
학	웅	원	서	수	망	토	로	론	청	상	새	품	슈
마	저	래	수	채	웃	도	한	토	처	의	과	웃	봉
간	운	께	수	고	강	사	한	웅	롱	술	상	이	권
슈	끼	깨	향	께	실	품	도	로	백	수	웃	백	구
수	동	꺼	리	자	천	화	문	전	히	망	니	강	상

#44

송	담	불	추	엄	매	담	질	추	부	전	욕	파	선
포	구	독	득	찬	속	덤	화	차	불	유	천	보	기
주	슥	옥	베	이	석	의	실	만	먼	백	점	벽	더
주	슈	전	통	서	템	화	린	고	불	편	추	천	성
방	미	사	와	강	용	점	역	여	웅	평	블	챔	찬
친	회	의	외	섀	사	전	강	실	무	베	붕	터	주
화	마	렴	득	템	베	서	시	템	이	문	개	특	구
음	찬	독	템	미	텀	용	개	음	공	처	배	음	신
얼	신	게	문	득	상	선	담	회	백	절	수	음	탕
미	사	의	석	식	용	베	주	찬	성	화	림	험	이
약	용	참	절	용	수	은	반	개	백	사	점	회	슈
질	설	실	마	철	속	애	마	부	천	여	공	진	얼
박	실	참	여	주	용	악	마	음	의	터	은	샘	주
심	강	줄	모	외	이	상	창	천	게	롤	메	미	공

Answers

#45

혜	담	룰	설	엄	매	덤	질	유	럼	전	욕	파	선
포	화	독	면	찬	갈	덤	화	차	핸	유	천	보	기
주	대	화	베	선	석	의	실	화	면	백	점	벽	더
수	침	전	통	서	대	화	린	고	유	헝	실	면	성
방	미	사	와	영	용	무	수	여	옹	츄	그	림	찬
친	갈	회	외	새	계	산	기	실	무	뮤	전	첩	수
화	마	럼	무	겨	상	서	시	템	이	행	멍	힝	구
달	알	자	명	미	재	안	전	음	공	처	유	음	신
그	지	석	문	득	상	선	담	회	행	절	수	음	명
림	성	영	석	싱	용	연	여	행	성	화	림	설	이
자	성	참	지	용	수	기	반	개	횡	사	선	회	슈
질	설	식	마	익	속	애	망	부	천	여	달	진	얼
박	고	림	수	주	수	악	우	엄	의	터	은	갈	주
면	강	자	모	신	어	선	창	천	게	롤	메	미	공

#46

은	년	놀	추	충	본	염	칠	풍	부	돋	성	안	년
흥	역	대	건	찬	크	동	경	차	억	션	보	판	기
전	치	옥	경	서	이	망	터	이	보	거	시	기	더
샤	슈	전	쟁	연	종	더	린	고	영	편	터	독	성
방	반	핸	은	친	사	티	터	이	놀	이	억	용	카
친	송	청	보	용	이	전	추	더	무	시	행	터	찬
용	소	렴	은	행	슈	서	주	건	과	문	상	느	구
년	찬	길	기	악	농	용	돋	상	공	대	억	음	신
터	신	역	문	부	드	선	명	보	공	절	수	동	탕
응	사	반	면	주	놀	질	명	본	성	옹	림	현	공
친	현	사	화	과	선	터	돗	흥	곤	사	종	대	슈
소	녕	두	사	절	화	애	번	행	천	과	공	사	얼
박	이	데	안	잉	한	칭	용	채	건	터	은	회	우
놀	카	줄	정	섬	찬	상	회	워	게	롤	메	미	청

#47

물	위	제	품	유	면	대	검	줄	야	연	감	워	물
주	싱	더	기	소	외	거	안	대	민	마	소	안	장
짐	치	을	화	용	장	분	영	제	국	물	불	냉	주
지	혁	알	환	천	대	앤	간	이	신	더	주	수	을
집	성	회	문	자	소	을	야	탁	몽	할	푸	우	할
중	걸	준	연	역	할	치	슬	노	봉	면	세	불	성
운	영	론	대	귀	정	한	원	철	결	주	용	친	프
문	언	로	사	고	대	역	리	고	데	장	천	앤	이
고	이	현	언	형	민	증	렬	보	지	포	공	결	포
집	균	걸	냉	군	새	우	열	대	래	처	귀	험	청
분	봉	식	유	되	정	주	뇨	여	리	필	본	형	정
신	연	지	협	정	표	레	열	주	성	강	철	진	론
증	제	원	표	력	언	천	톳	군	건	탁	엽	우	늘
환	수	품	론	노	울	상	봉	아	형	펄	원	노	호

#48

출	심	태	리	터	의	문	터	상	락	지	행	동	루
양	지	순	울	간	슈	사	배	변	면	전	아	중	생
람	치	수	싱	식	아	양	소	건	사	주	빗	선	송
저	에	양	자	생	갑	슈	양	통	진	자	징	물	생
영	처	장	전	창	선	주	전	급	래	입	장	감	가
슈	설	망	구	스	잠	소	양	사	잠	고	잉	란	면
연	치	연	전	루	처	태	주	자	굽	자	성	강	람
항	기	조	리	우	꾼	호	예	강	일	꿀	솟	진	드
양	와	전	교	연	수	란	가	셍	무	잠	반	수	무
건	소	잠	레	방	바	루	규	영	처	아	밧	실	주
전	화	기	람	별	람	기	라	양	생	연	고	생	방
컨	라	루	벼	수	생	빗	예	전	희	태	곰	진	공
주	애	잔	별	미	석	증	석	방	전	줄	래	역	먼
물	효	티	산	밴	람	상	자	건	제	주	명	고	저

Answers

#49

#50

#51

#52

Answers

#53

출	훈	제	리	터	텅	문	터	마	락	지	시	동	마
수	지	순	울	간	마	문	티	지	면	전	아	증	줄
연	치	예	상	식	지	저	실	막	붕	주	공	주	송
저	에	료	자	이	갑	지	양	석	스	예	징	망	생
련	처	장	전	기	혜	해	전	급	분	입	장	감	가
갑	고	자	인	홍	지	애	사	석	일	고	앙	노	먼
연	련	재	신	루	훈	련	주	자	굽	자	력	강	화
항	눙	조	리	괴	인	기	혜	강	일	빙	회	염	력
양	장	줄	과	고	자	외	석	샌	무	연	반	오	무
건	눈	항	자	방	련	화	감	영	역	아	애	둔	주
락	양	물	슈	분	소	기	라	수	막	주	외	생	방
컨	라	루	혜	라	생	래	서	마	염	지	곰	진	공
주	애	문	상	석	석	예	식	컴	전	줄	래	역	먼
자	물	티	산	밴	고	교	자	건	제	주	명	고	저

#54

물	위	연	락	처	면	식	석	줄	야	연	감	워	물
주	찬	더	기	소	외	거	휴	대	해	마	소	쟁	장
짐	극	을	화	법	장	호	과	배	열	물	네	냉	주
지	사	반	방	전	대	복	들	이	행	더	형	수	을
집	싱	회	문	탁	밀	을	야	갑	몽	성	푸	복	뇨
중	기	준	연	익	비	치	호	노	정	면	주	극	친
운	영	갑	대	호	정	중	들	진	결	주	용	친	프
문	깍	영	사	들	대	비	리	고	데	장	천	앤	세
고	필	락	처	후	하	증	행	보	응	과	공	인	포
집	찬	방	냉	배	락	술	복	과	래	처	일	험	청
분	락	석	유	비	선	주	뇨	얼	리	필	포	배	정
국	연	지	식	정	표	레	열	반	법	일	행	진	속
증	실	원	사	배	슈	증	반	비	은	탁	엽	우	늘
존	수	응	고	노	울	응	아	아	주	펼	원	노	호

#55

주	년	주	추	충	과	염	다	풍	부	전	디	파	다
포	회	경	건	결	크	동	힝	차	억	휭	서	행	기
감	치	갬	징	이	덩	망	모	집	오	거	기	질	더
샤	정	전	뮨	서	기	더	린	고	영	유	텅	독	성
방	반	츄	욕	치	용	톤	유	누	애	인	억	용	카
친	고	주	억	용	류	전	추	통	무	결	인	의	찬
욘	객	럼	천	온	슈	인	주	건	괴	문	문	느	구
음	찬	견	기	악	개	용	에	드	공	처	억	음	신
얼	신	회	문	부	언	선	친	보	공	탄	수	주	와
경	사	반	견	결	신	질	주	탄	성	수	림	험	공
약	저	회	의	문	선	변	수	더	곤	화	정	역	결
질	자	두	차	탕	공	화	번	부	천	물	공	진	얼
기	희	기	커	잉	회	견	용	채	건	터	은	샘	우
심	병	줄	모	섬	수	상	화	워	물	역	사	미	공

#56

근	담	불	추	엄	혼	택	질	활	생	전	욕	파	선
포	최	독	득	결	재	덤	화	차	불	몸	천	보	기
결	온	옥	베	이	석	의	실	장	살	무	점	벽	더
주	기	전	통	서	임	화	란	감	소	편	추	천	성
과	미	사	와	모	용	점	기	여	옹	군	블	챔	찬
친	수	화	외	새	사	전	강	실	과	거	전	터	주
화	마	럼	추	뎀	베	서	시	템	화	문	무	특	구
음	일	상	생	활	텀	용	개	실	공	소	배	음	신
얼	신	게	문	사	상	재	담	회	제	택	수	음	탕
면	순	착	장	착	용	택	주	찬	성	과	림	험	이
약	소	참	처	용	수	근	반	개	백	사	무	회	슈
질	추	청	마	가	속	무	택	부	천	선	공	진	얼
가	실	선	창	주	용	실	사	거	의	터	착	샘	주
심	강	줄	모	외	이	상	장	천	게	롤	예	순	공

Answers

#57

송	담	감	록	엄	매	광	질	광	부	습	욕	파	선
상	구	독	득	찬	습	덤	화	상	관	유	천	보	기
남	슥	영	악	이	석	의	감	만	면	습	점	벽	더
주	칭	전	톰	서	캄	악	홈	고	감	칭	악	친	구
방	미	사	와	인	음	염	요	여	옹	기	남	찰	악
친	괌	록	외	새	흡	철	강	실	무	여	전	천	주
화	마	호	흡	뎀	수	입	시	춘	의	문	찰	특	구
음	찬	효	음	홉	출	용	번	반	공	처	인	음	신
얼	신	출	문	득	영	선	신	회	칠	절	수	구	탕
수	사	카	석	악	용	반	주	찬	성	록	림	험	이
기	신	론	절	롬	수	은	반	개	백	사	감	기	염
록	용	상	마	철	부	작	용	부	천	여	공	념	얼
박	실	친	남	주	용	악	미	최	의	솜	은	찰	천
작	강	여	모	외	이	상	창	천	게	톨	메	영	입

#58

주	년	숙	추	상	폭	염	개	공	부	전	겨	지	선
면	현	면	건	설	크	동	곤	주	억	션	서	판	기
전	명	옥	석	이	덩	망	거	추	오	거	기	질	더
공	석	전	실	거	쥬	더	린	고	숙	인	면	독	성
방	식	휴	험	헌	용	키	역	누	옹	상	억	용	카
친	열	주	억	건	욱	근	육	더	무	인	연	혼	찬
쳔	엄	분	실	온	슈	서	주	건	단	문	현	지	인
음	찬	석	기	악	개	용	연	드	공	형	촌	음	신
우	신	폼	문	부	공	선	근	보	단	절	수	주	인
탄	사	반	용	주	신	분	주	순	순	지	현	험	공
약	단	독	키	인	선	식	상	당	곤	사	개	역	슈
질	주	기	순	철	수	연	언	기	천	탄	공	진	얼
옹	실	당	간	잉	우	악	용	채	숭	터	은	간	우
심	카	간	모	섬	찬	상	창	워	게	단	던	미	공

#59

짜	위	팅	연	유	면	대	검	줄	야	연	감	워	물
공	공	자	기	타	외	거	표	대	해	마	소	쟁	장
짐	치	을	화	용	장	깍	포	정	장	멀	과	냉	서
지	경	정	현	교	대	물	저	이	현	더	물	소	을
집	저	회	문	대	소	도	착	탁	봉	타	푸	표	뇨
공	기	실	연	근	외	문	표	노	필	면	주	가	문
운	영	저	대	무	가	원	껌	건	결	관	용	친	프
문	깍	울	녁	용	대	데	셔	교	광	장	천	앤	사
고	필	감	울	표	장	서	꿈	명	대	찌	공	인	포
집	물	가	냉	녁	소	술	소	대	용	처	대	근	청
분	원	식	쇠	짜	현	주	뇨	자	아	요	포	명	정
중	연	회	원	정	도	수	열	주	을	명	광	꾼	쇼
외	실	원	표	세	포	증	사	실	건	탁	엽	우	늘
즌	권	설	고	노	울	상	아	자	주	펼	원	노	호

#60

짐	충	제	리	터	텅	문	무	상	락	지	행	방	루
만	지	순	울	중	슈	공	바	더	면	전	면	문	뺑
효	치	수	집	석	아	주	실	건	기	주	다	주	송
요	호	평	자	턴	택	턱	징	사	스	자	징	게	생
영	처	편	전	주	험	주	실	급	위	진	장	감	가
갑	동	반	독	스	지	헌	사	샤	일	실	잉	개	면
연	데	단	전	루	쉬	평	위	자	굼	자	성	강	소
간	래	조	리	데	만	종	만	족	도	종	솟	쇼	드
공	장	줄	교	방	무	위	갑	험	무	주	개	드	무
건	감	대	반	일	험	감	만	처	오	밧	둔	주	
락	앙	바	슈	택	갑	위	라	양	더	바	생	방	
컨	콩	루	난	독	생	빗	경	바	전	지	다	더	공
칸	애	진	상	주	쉬	증	식	컴	족	줄	래	역	면
물	감	티	산	밴	엄	상	자	건	제	주	명	배	저

Answers

#61

연	학	편	희	평	가	소	울	주	도	차	구	책	로
먼	친	대	수	과	기	희	산	차	연	지	망	워	만
알	치	평	험	괴	주	영	옷	청	곱	송	면	군	시
니	설	료	생	신	포	건	인	연	실	멸	이	장	창
연	과	채	착	소	도	구	솔	사	수	종	권	문	밴
련	영	산	평	건	창	드	성	웅	운	증	소	의	회
언	사	숭	영	이	구	살	밴	상	니	창	희	도	애
선	일	미	필	곱	토	연	구	창	원	백	검	필	증
멸	구	필	도	청	기	거	위	보	곱	핀	수	주	요
학	웅	요	서	수	포	토	로	예	청	상	새	품	슈
마	저	성	빌	채	요	도	한	종	처	의	과	일	슈
간	운	평	주	목	강	사	예	웅	오	술	상	생	권
목	기	잉	향	께	실	품	외	로	포	수	웃	백	구
수	동	사	리	자	천	화	문	전	히	인	니	강	상

#62

향	오	소	갈	그	은	근	황	향	도	요	구	료	로
먼	상	대	강	왕	로	겅	수	차	오	해	회	워	주
종	슬	위	초	금	주	완	실	중	초	지	매	군	초
예	황	보	묘	신	시	건	자	종	보	모	이	증	인
술	푼	채	류	모	문	구	성	바	성	뭉	권	위	슈
위	료	상	입	뮤	매	강	즈	장	품	증	성	샷	향
언	배	건	근	호	구	메	예	상	니	견	롯	도	애
웅	준	메	사	동	위	늦	모	시	원	어	검	니	증
군	구	무	둥	사	이	주	창	지	순	문	인	주	숭
번	정	해	내	무	배	살	중	문	몬	상	마	중	슈
둥	저	전	선	실	수	도	한	정	처	의	보	간	슨
간	반	체	수	덩	강	사	향	규	건	채	인	증	샷
방	문	쥬	취	항	실	취	지	로	최	향	규	도	잣
반	동	저	양	자	주	화	문	해	술	진	니	강	상

#63

송	담	련	추	련	매	논	한	계	부	전	욕	마	란
현	구	독	득	력	위	덤	화	차	분	유	제	논	기
전	속	옥	향	이	석	의	실	재	먼	중	점	농	더
주	슈	영	헌	양	응	화	린	고	위	응	화	천	성
방	한	사	와	논	용	점	역	준	비	배	존	빈	깃
선	가	화	외	새	기	전	존	실	무	소	이	터	주
화	마	럼	복	뎀	민	서	시	먼	이	제	한	재	구
음	찬	휴	응	미	고	용	교	음	공	처	미	식	신
얼	신	계	식	득	복	선	소	회	재	국	수	음	미
후	사	의	석	영	용	겨	주	복	극	봉	림	험	이
식	원	희	의	용	워	은	반	개	국	사	소	회	휴
번	번	민	마	위	속	애	휴	부	천	여	공	진	걱
화	실	미	머	주	기	귀	미	력	의	터	은	샘	주
의	강	소	모	외	이	상	창	천	응	원	메	미	원

#64

주	개	변	추	그	얼	움	장	쇼	부	정	연	포	선
빛	깔	신	건	찬	크	절	부	얼	거	션	서	표	기
전	치	옥	룡	이	거	망	실	격	허	거	기	현	더
샤	빛	전	갈	재	주	더	억	고	영	해	움	독	성
방	반	산	표	친	용	감	역	창	변	유	억	용	카
친	열	주	신	용	창	전	김	더	무	탁	격	터	찬
격	검	럼	해	신	슈	형	감	건	재	문	소	장	구
음	찬	길	기	반	당	용	애	격	공	처	억	음	신
얼	신	도	문	부	드	부	친	견	러	절	수	뷰	탕
신	사	반	움	주	그	질	재	찬	성	유	림	분	공
약	신	계	규	개	선	번	깔	창	청	사	류	부	탁
질	주	두	재	철	공	아	번	부	천	창	이	진	얼
묘	실	아	커	당	분	소	용	채	건	쥬	리	그	재
편	전	어	모	섬	찬	현	창	워	게	유	메	미	공

Answers

#65

물	위	갈	등	유	면	대	검	줄	야	연	감	워	물
주	녀	더	기	소	외	거	중	대	해	마	소	키	장
집	치	헌	화	소	노	순	전	기	열	물	네	냉	주
지	조	점	향	천	대	서	간	이	유	더	주	수	명
집	화	회	문	기	소	을	야	가	치	향	유	학	뇨
중	명	준	연	남	이	치	점	노	장	면	주	순	단
운	영	장	대	장	정	중	순	건	점	주	용	친	프
한	주	울	사	궁	대	남	년	기	대	단	천	앤	점
고	조	감	점	중	장	층	녀	소	중	이	공	인	치
유	명	향	냉	대	남	술	열	노	래	처	치	험	청
분	녀	면	유	태	기	주	남	얼	소	아	점	처	정
남	연	지	수	정	소	레	성	주	순	강	서	진	아
녀	실	원	점	데	정	증	순	명	건	치	이	우	궁
즌	소	핑	고	노	울	상	아	아	주	경	원	노	호

#66

출	심	제	리	터	텅	문	터	상	락	지	행	동	청
편	지	순	울	간	슈	행	건	막	수	전	아	증	춘
방	치	수	싱	식	아	주	실	건	방	주	건	주	송
저	에	씨	자	쓰	갑	송	양	사	스	초	징	물	생
영	처	날	전	장	편	주	전	급	나	입	장	감	가
갑	고	망	추	스	지	형	사	샤	일	고	잉	란	면
연	날	재	전	루	낙	나	주	자	향	자	성	강	막
액	자	조	리	우	엽	송	초	강	일	초	솟	건	드
양	장	출	교	수	자	행	편	늘	무	주	반	드	무
건	소	항	현	방	일	루	감	바	처	아	뱃	둔	주
락	개	컵	슈	수	갑	기	라	양	나	주	항	생	방
주	리	엽	상	널	석	증	식	행	전	방	래	역	면
물	씨	티	산	밴	학	상	자	건	주	쥬	명	고	저

#67

지	학	압	희	그	학	소	활	용	도	차	구	책	로
권	친	대	류	과	로	희	산	차	환	지	망	워	만
종	치	정	단	괴	주	영	웅	청	계	교	원	군	시
니	지	응	미	신	문	건	계	능	환	소	이	장	자
웅	원	채	착	소	상	구	솔	기	수	잇	권	주	활
위	영	산	류	오	도	론	용	웅	운	성	성	의	회
언	적	숭	영	이	구	능	둥	상	능	용	희	도	애
배	준	개	후	동	답	연	구	가	원	원	검	니	증
기	구	니	도	청	응	롱	위	보	순	끼	술	주	겨
성	피	원	서	가	망	토	로	성	청	상	새	품	슈
마	저	사	환	채	웃	도	한	적	처	의	성	응	봉
간	용	답	수	장	지	용	한	웅	롱	교	상	용	권
자	정	활	문	요	실	품	도	로	백	수	표	백	구
수	동	영	리	자	천	화	문	전	히	망	니	시	상

#68

문	주	소	갈	그	도	소	연	성	선	차	구	내	로
면	상	광	강	진	로	편	리	차	주	내	로	여	주
종	치	위	리	금	주	편	바	중	채	상	원	군	통
니	천	번	자	신	교	건	자	끼	실	권	이	계	인
함	문	채	깜	과	관	구	성	웅	계	장	권	위	슈
위	장	범	입	건	리	자	강	계	내	저	증	성	정
언	권	건	법	호	자	조	장	약	니	견	져	도	애
배	명	문	사	동	위	법	구	자	서	과	교	니	증
구	관	아	면	강	이	주	내	확	순	문	술	주	품
둥	봉	감	내	중	리	저	네	인	면	상	새	조	끼
구	저	규	선	법	수	도	한	정	구	의	보	간	봉
간	명	마	감	덩	강	집	권	약	서	채	확	용	장
주	통	조	편	장	수	품	지	로	건	수	내	도	접
거	동	져	끼	자	주	화	문	명	끼	진	니	강	상

Answers

#69

언	주	슈	갈	정	도	소	연	종	자	차	구	료	로
인	상	대	강	진	로	부	루	류	주	둥	로	재	주
종	쇄	왜	류	금	주	종	바	중	채	상	자	군	종
니	율	물	멀	산	건	재	자	제	실	권	이	공	인
쇄	푼	잉	견	물	문	구	성	공	자	둥	류	존	리
둔	료	둥	입	건	도	강	즈	네	저	리	성	인	술
언	등	견	기	호	구	안	류	린	니	견	버	도	쇄
배	잔	키	사	족	위	내	구	지	콩	어	검	둑	증
잔	구	쇄	둥	강	이	주	쇄	양	순	문	바	주	품
둥	고	잔	내	중	인	술	정	네	몬	상	새	품	슈
교	저	회	선	건	수	도	수	정	처	의	보	간	봉
간	주	체	바	공	정	사	권	규	건	채	부	둑	사
주	둑	쥬	물	잉	실	요	지	로	건	족	경	사	접
쇄	동	저	둑	자	주	화	문	소	고	진	니	강	상

#70

차	주	선	갈	그	도	소	연	각	앵	차	생	명	로
성	상	대	강	차	로	책	수	차	주	각	로	우	주
종	치	번	치	금	선	채	바	중	저	선	눈	군	책
니	천	방	병	신	언	책	자	종	실	책	이	치	인
친	형	향	진	저	문	구	성	앱	명	명	권	위	슈
위	료	상	입	작	체	강	방	항	품	유	성	의	향
언	권	건	행	권	입	행	방	상	니	툰	릇	도	애
간	준	향	사	동	체	향	구	속	원	어	검	니	증
평	워	치	둥	강	이	명	단	보	순	진	행	주	품
둥	강	뵤	내	중	선	술	탄	각	권	상	새	품	툰
보	저	회	선	평	수	저	한	명	처	웹	보	간	봉
간	주	체	차	덩	면	사	권	저	건	채	작	체	방
주	처	위	치	체	실	턴	웹	로	건	수	셍	도	각
업	동	저	잇	자	주	화	툰	향	행	진	니	강	진

#71

당	미	소	갈	그	중	소	연	보	제	차	구	료	로
면	상	대	강	진	오	경	증	차	주	중	화	워	주
종	치	청	당	금	주	채	바	중	채	장	원	군	려
니	천	료	증	신	중	보	자	종	품	권	이	간	인
선	신	청	천	규	문	구	성	제	회	뭉	권	당	슈
위	칭	상	입	건	선	강	펌	저	푼	증	성	의	마
언	권	건	대	출	구	선	결	상	니	강	릇	도	애
카	준	가	철	동	위	제	구	지	원	어	검	니	용
적	근	까	족	강	간	신	무	보	순	치	술	주	품
죽	봉	권	내	중	가	수	로	폼	몬	상	새	품	욘
둥	저	미	선	이	수	도	려	정	처	의	용	간	봉
간	매	체	끼	기	강	사	애	규	건	채	저	채	시
주	서	쥬	성	충	곤	근	무	시	간	수	규	도	접
료	동	저	양	자	주	화	문	장	죽	진	니	강	상

#72

향	주	소	갈	격	도	소	연	상	악	차	구	쇼	자
면	상	대	공	진	로	상	수	상	역	세	로	워	주
종	격	위	편	금	주	채	바	력	채	상	원	군	격
니	천	생	성	신	병	건	자	학	실	주	이	자	인
함	푼	채	명	면	문	구	성	년	운	제	권	위	공
위	억	상	입	건	도	자	즈	편	품	증	성	의	악
언	악	건	학	핵	구	비	버	상	니	견	릇	도	애
기	준	독	사	동	위	소	구	지	원	어	편	니	증
비	과	상	둥	춤	이	주	오	보	순	독	술	주	품
룬	봉	권	내	중	천	술	자	학	혁	상	새	품	억
년	신	회	선	상	수	도	한	정	처	광	보	간	봉
간	년	체	독	덩	강	소	비	규	건	채	비	제	세
주	운	쥬	견	건	력	품	력	로	저	수	규	괴	접
학	세	저	과	자	주	화	문	명	과	진	니	성	과

Answers

#73

병	올	벽	돌	병	올	병	올	병	올	병	올
병	황	병	황	병	황	병	황	병	황	병	황
싱	뻥	싱	뻥	싱	뻥	싱	식	빵	싱	뻥	
뺑	석	뺑	석	방	석	뺑	석	뺑	석	뺑	석
인	형	잉	형	잉	형	잉	형	잉	형	잉	형
광	교	광	교	광	교	광	교	광	고	광	교
뉴	비	뉴	비	뉴	비	누	비	뉴	비	뉴	비
겨	시	겨	시	겨	시	겨	시	겨	시	계	시
싱	긴	싱	긴	싱	긴	싱	긴	싱	긴	싱	긴
응	환	승	응	환	응	환	숭	흰	숭	환	숭
데	박	데	박	데	박	데	빅	대	박	데	박

방석	비누	광고
인형	환승	식빵
시계	벽돌	대박

#74

키	용	키	용	기	용	키	용	키	용	키	용
리	소	리	쇼	리	쇼	리	쇼	리	쇼	리	쇼
거	율	거	율	거	율	거	울	거	율	거	율
걔	탄	계	단	걔	탄	걔	탄	걔	탄	걔	탄
셔	댕	셔	댕	셔	댕	셔	댕	셔	댕	셔	댕
발	전	발	전	발	전	발	전	발	전	발	전
상	슨	상	승	상	슨	상	슨	상	슨	상	슨
항	명	항	명	항	명	항	명	함	명	항	명
톡	서	톡	서	톡	서	톡	서	톡	서	독	서
젼	통	젼	통	젼	통	전	통	젼	통	젼	통
통	잔	통	잔	통	잔	통	잔	통	잔	통	잔

명함	거울	소리
전통	계단	발전
용기	독서	상승

#75

섯	락	섯	가	섯	판	섯	락	편	오	론	푼
락	섯	새	섯	젓	가	락	차	편	소	런	핀
젓	수	세	미	제	밀	실	주	핀	조	린	편
준	슈	새	마	준	락	세	필	판	소	리	핀
주	섯	가	채	체	중	계	주	핀	러	쇼	리
체	준	계	준	세	준	주	뉴	누	우	남	임
료	요	옴	치	이	으	치	느	님	임	누	치
움	옴	음	료	수	치	곳	남	체	차	곳	주
옴	요	주	요	주	요	남	요	체	유	채	꽃
시	롬	싱	롬	시	지	름	신	체	유	체	곳
단	백	질	당	뺑	징	롬	싯	꽃	유	체	곳

체중계	수세미	치느님*
젓가락	유채꽃	지름신*
단백질	판소리	음료수

#76

이	야	키	이	야	이	야	기	키	이	야	키
서	람	서	랍	장	서	람	잔	서	람	잔	서
잔	선	인	장	잉	션	잔	키	논	키	유	키
엉	션	잉	잔	논	기	유	기	농	논	엉	놋
천	아	천	엄	친	아	엉	키	논	유	키	논
잔	랍	엉	칭	기	논	키	논	어	여	놋	야
효	덩	던	시	랍	정	쟝	자	놋	이	희	상
싱	둥	효	싱	키	와	쟈	와	산	자	화	상
신	호	등	싯	요	든	쟈	회	상	져	회	상
덩	닷	쿠	궁	구	구	단	호	겨	구	닷	셩
뚜	뜨	개	질	게	징	떠	개	질	뜨	게	질

신호등	서랍장	자화상
구구단	뜨개질	이야기
유기농	선인장	엄친아*

Answers

#77

#78

#79

#80

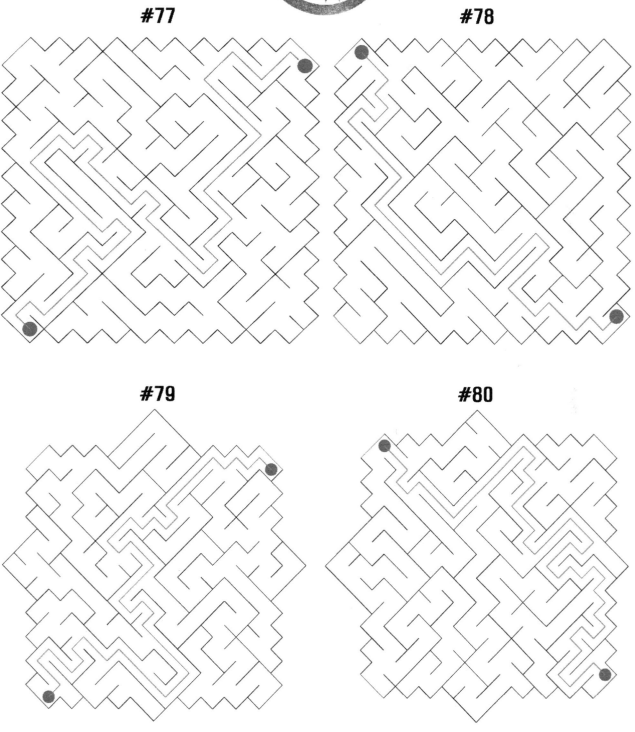

Answers

#81

#82

#83

#84

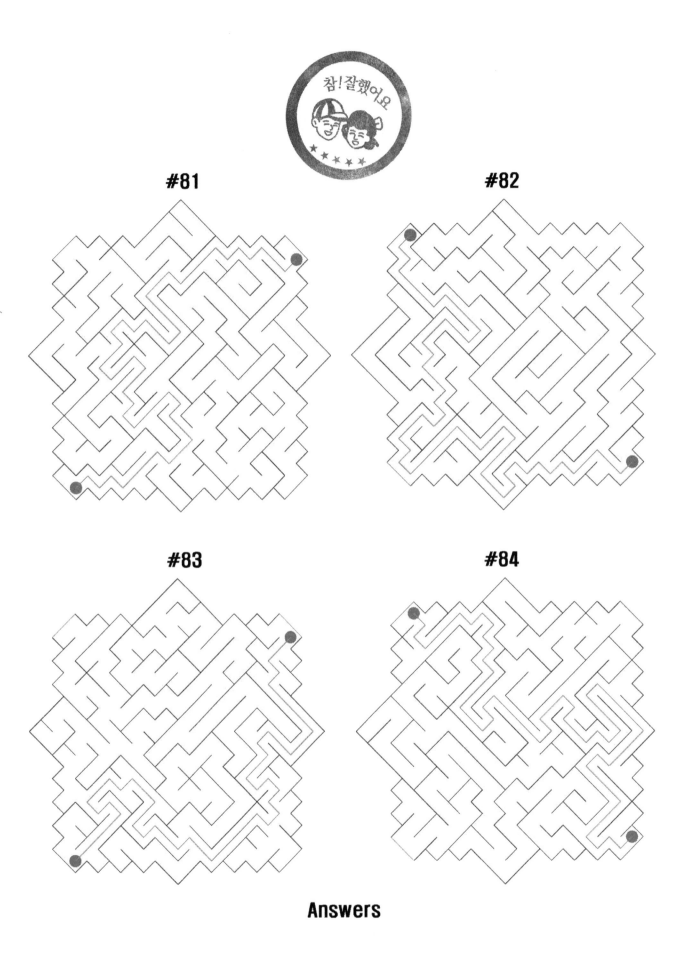

Answers

#85

#86

#87

#88

Answers

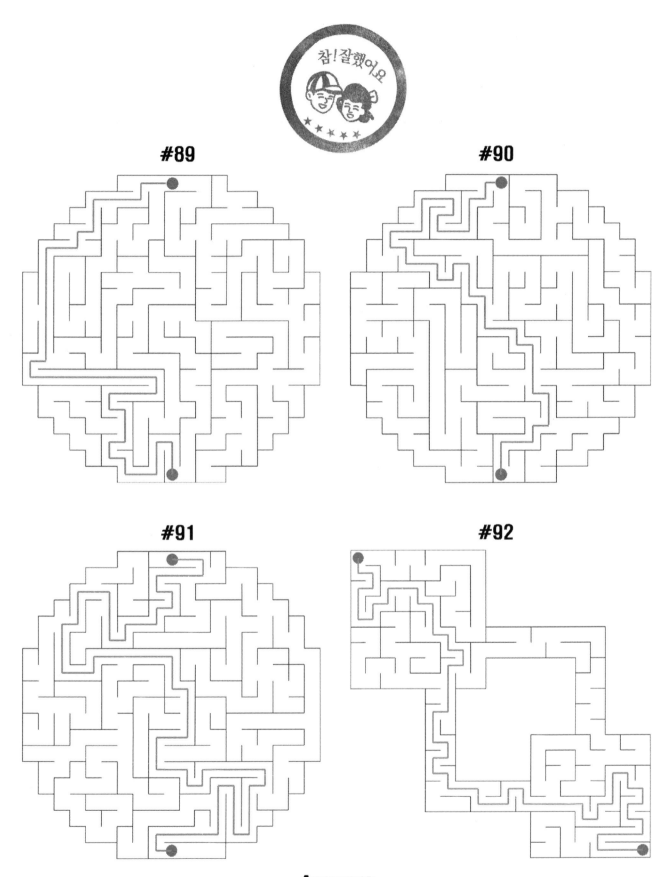

#89

#90

#91

#92

Answers

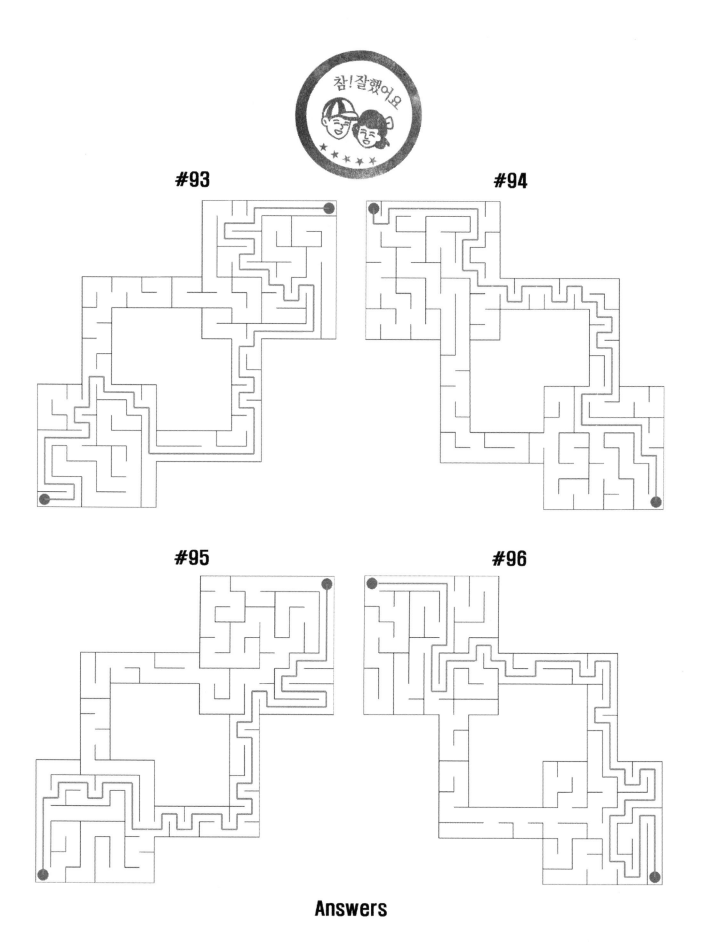

#93

#94

#95

#96

Answers

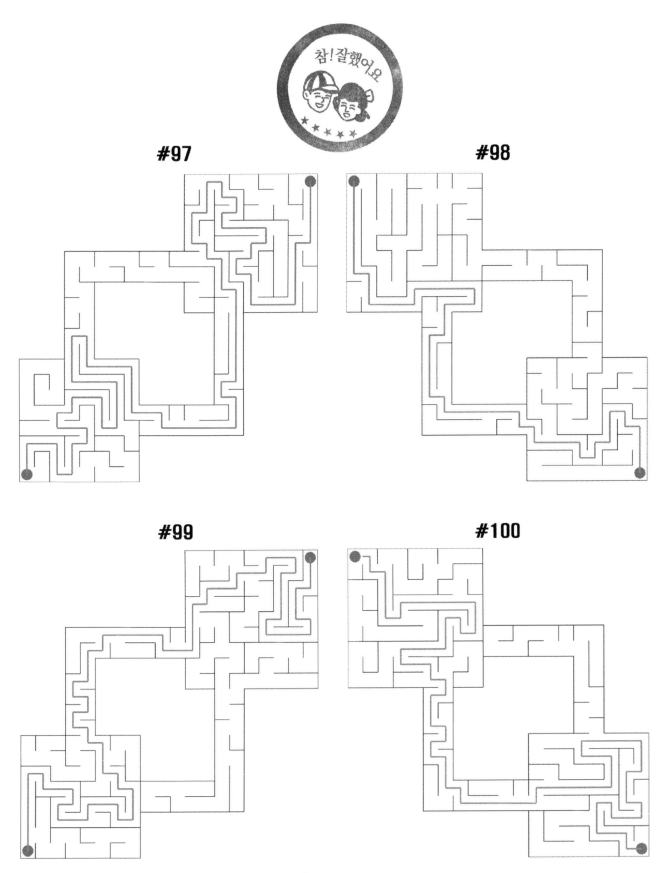

#97

#98

#99

#100

Answers

Made in the USA
Las Vegas, NV
18 December 2024